著者・佐藤昌弘
漫画・橘山
シナリオ・桜小路むつみ

〈マンガ〉凡人が最強営業マンに変わる魔法のセールストーク

日本実業出版社

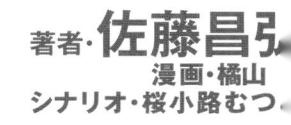

◆はじめに 〜営業は技術！

「なんとしても売りたい」

そうした気持ちが強すぎると、逆に売れなくなってしまう。

なぜでしょうか？　それは、営業マンからにじみでる、ガツガツ感や欲望むきだしの**利己的な雰囲気がお客様に伝わってしまうから**です。

「この営業マンは、私（顧客）のメリットよりも、自分のメリットばかりを優先する人なのかもしれない……」

お客さんは、営業マンへの「不安や疑念」がわいて、警戒モードが発令されます。警戒モードになったお客さんは、目線を営業マンから外し、身体を少し緊張させ、表情はこわばっていきます。

対立的・敵対的なセールスは、顧客から奪うことばかりを考えることになります。しかし、そんなセールスの仕方では、長期的にはうまくいくはずがありません。

交渉を含め、セールスというのは、協調的な作業です。そして、「作業」ですから、適切な手順があります。理にかなった技術を学べば、誰でも成績は上がっていくのです。

もちろん上達スピードには、個人差があるでしょうが、しっかりと知識を学び、それに基づいて実践経験を積めば上達していきます。

どんなスポーツでもそうですが、たとえ勘に頼っていたとしても実践経験の数が多ければ、ある程度うまくなることはできるかもしれません。

しかし最低限の基礎的な知識があって、それに実践や経験が加われば、さらに数多くの学びを得て、もっと上達するはずです。

営業も同じなのです。「勘」だけで繰り返しセールスをしていても、一時的には売れるかもしれませんが、長くは続きません。必ずスランプに陥《おちい》ります。

私が、一番にお伝えしたいのは、**営業は学ぶことができる技術**だということです。

顧客との会話の中で、ゴールに向けたシナリオに誘導していき、その展開をイメージしながら、コミュニケーションをとっていく技術なのです。

顧客との最善の満足をゴールイメージにして、その結末に向けてシナリオを組み立て、協調的に展開できる人が「最強」の営業マンになるのです。

この本を通じて、そのシナリオ展開と、技術、テクニックを学んでいただければ、あなたも「最強の営業マン」になれることをお約束します。

〈マンガ〉凡人が最強営業マンに変わる魔法のセールストーク――**目次**

第2章 営業マンは、まず3つの最強営業スキルを押さえよう ― 53

第3章

第4章

『魔法のセールストーク』への4つのステップ

●カバーデザイン　末長敬
●本文デザイン　梅津由紀子
●編集協力　ゆうが舎
リバーウエスト 河西泰
●DTP　三協美術

第1章

売れないセールス
そのワケは……？

中古車販売会社、営業2年目の山崎一平。同じく営業2年目の生命保険会社、臼井静香。大手物流会社コンサル部3年目の高輪秀人。業種は違えど、日々、顧客とのコミュニケーションに悩む3人。いつものカフェで愚痴をこぼす3人の前に突如現れた、自称・営業仙人が、「最強営業マン」になるためのノウハウを伝授する。

中古車販売
国産・輸入車
在庫多数
お客様お目が高い！
このクルマはオススメですよ～！
中古車販売会社
営業2年目
山崎一平《やまざきいっぺい》
軽なのにパワーがあって走りは軽快
ハイルーフだから車内も広々！
Wide
パァ～ッ
Power
ブルン
なによりですね このクルマ…
今若い女の子に一番人気なんですよ
ボッ

これ乗ってたらきっとモテちゃいますよ～
あははは そんな…
これはイケるかも…！
もしよろしかったらあちらで詳しいご説明させていただけませんか？
え⁉
いいや…まだそこまでは…
そうですか～？早いほうがいいと思いますよ～
走行距離も少ないですし
なにより人気車種なんですぐ売れちゃいますよ～
は はぁ…
今でしたらお値引きのお話もさせていただきますし
手付金なしでサインいただけるだけでいいんで
どうです～？ね！ね！
う～ん…
…もう少し考えさせてください
えっ…⁉
すみませんお邪魔しました
そそくさ～
あ あの え？
え～…⁉
おいおい何やってんの⁉

簡単に逃がしちゃダメだろぉ！
ズゥン
ズゥン
すっすみません店長…
ぺこぺこ…
でも…なんか急に気分が変わっちゃった…みたいな
気分変わらすなよ！
イラ…
イラ…
てか変わっても逃がすなよ！
押しが弱いんだよおまえは！
グイ
グイ
営業は
気合と
根性！
一度断られてからが本当の勝負だって何度も何度も言ってんだろぉ!?
ガッ
ガッ
は…はい…
すみません…
しょぼん

やる気あんのか山崎？このままじゃ今月も契約ゼロだぞっ！
はぁ～…
俺だって頑張ってるのになぁ…
こんな時は…
川湘楼
はじめの家
中華料理
フクロウカフェ ふくふく
ミネルヴァ
Minerva
ピラニア 2F左奥
(株)木田シュミレーター
やっぱここだよな！
OPEN
フクロウカフェ ふくふく
カラン カラン…
おじゃましま～す

あ…
ん？
お
なーんだ
おふたりとも来てたんですかぁ
まぁね
ついつい来ちゃうんですよね〜
だって…

ここに来ると仕事の悩みや疲れも忘れられますもんねぇ♡
生命保険会社
営業部2年目
臼井静香《うすいしずか》
そうそう それで毎日のように仕事帰りに立ち寄ってるうちに…
すっかり顔見知りになっちゃったもんな僕ら
大手物流会社
コンサル部3年目
高輪秀人《たかなわしゅうと》
ほわっ
はあああぁ 癒《いや》されるぅ～
カランカラン

や！
あら オーナー！！
珍しいですね こんな時間にお店に来られるなんて
いんや ちょいと通りかかったんでコーヒーでもと思ってな
それに…
はぁ～ 癒される～
まぁ それだけ悩み多き毎日ってことですけどね…
はぁ…
ですね…
ところで今夜はどんな癒されたい理由が？
聞いてくださいよ～
今日 かなりいい感じでクルマを見てくださったお客さんがいたんですけどね…
こりゃイケると思って一生懸命セールスして
商談ブースにお誘いしたら
その途端にあっさり断られちゃって
……
ピクッ

ただの冷やかしだったのかなぁ…
そんなの私よりマシですよぉ！
え…？
新たに資料請求してくださったお客様のお宅に資料をお持ちして…
ホープ生命と申します
ガチャ…
はーい…
こ…こんにちは…
おど
おど…
お お申し込みの資料をですね その…
お お持ちしましたので
保険はホープ生命
あ…あの〜…
ごにょ
お お話だけでも…
ごにょ…
ドキ…
ドキ…
ヤバっ… 今 ちょっと嫌そうな顔した…
保険はホープ生命
お…お時間は…かかりま…ので…
ごにょ…
え〜っと…
ごにょ
ご説…
ごにょ…
…ていただけ…たら…
……悪いけど今 手がはなせないのよねぇ
あ…
タン
カシャ…
あぁ…
う〜…
うう〜…

一日回ってもほとんど話も聞いてもらえなかったんですからぁ
資料請求してくださったお客様なのに…
あ～確かにツライなぁそれは…
なんだよふたりともだらしないなぁ
何笑ってるんですか!
ここに来てるってことは高輪さんだって何か癒されたいことがあるんでしょ?
いっ…
いやまぁ…ぼ僕の場合は…
オフショアでー…
コストリダクションし…
OJTもー…
練りに練った素晴らしいコンセプトのプレゼン…
このブレイクスルーによりー…
これを第2四半期ローンチすればー…
KGIとし前年比110%の
うまくいかないわけがない

アジェンダについては…
あー…ちょっとー
キミの話あとどれくらいかかるんかね～?
クライアントが〈僕〉のプレゼンを理解できないだけで…
…つまりぃセールス失敗ってことっスよね?
ねっ?
うぐ…
でも 3人とも一生懸命頑張ってるのに…
はあ..
あ～あな～んでうまくいかないんだろ…
ズイッ
それはおヌシらが営業を
な～んもわかっとらんからじゃ!
ゴゴゴ
えっ!?

そんなことでは今後もダメ営業マンのままじゃな！
あ あの…どなたですか？
わしか？
聞いて驚くな！
わしは人呼んでー…
くわっ！
営業仙人じゃあっ!!

決まったかの？
……
おい！
ぶん
ぶん
おい!!
おい!!
よっ
くりん。
でさぁ
その客がさぁ
ウチの
店長ったら…
やだー！
くりん。。
こりゃ！
ガン無視
するでない！
どうやら
おヌシら
わしのことを
アブナい
年寄りだと
思っておるよう
じゃが…
ぷる
ぷる
ぷる
図星。。
まず
おヌシ！
はひぃぃ…！

今日のお客さんがどんなタイプなのか
しかと考えてセールスしたか？
…!?
まだ購買意欲の固まっていないお客さんなのに
グイグイ押しすぎてドン引きされておったのではないかな？
……!
ハッ。。
い…いやまだそこまでは
そうですか～？
どうです～？ね！ね！
えっ!?
うーん…
にもかかわらず強引にセールスを進めようとして
その結果 逃げられてしまったのではないかの？
ギロッ
お客さんのタイプ
グイグイ
強引なセールス
お客さんに逃げられる
続いておヌシ
た…たしかにそうかも…
は…はいっ！
くいっ くいっ
がくっ…
ざわっ

自信がなくて不安なために小声になったり語尾がはっきりせんかったりしておるのではないか？
え…!?
あ…!
こ…こんにちは…
お…お申し込みの資料をですね…
その…
お…お持ちしましたので
あ…あの
お…お話だけでも…
そのせいでお客さんに不信感を抱かれておるのに気づいてもおらぬじゃろ？
ましてや保険不安気に勧められたら加入はしづらいじゃろうて…
自信のなさ
おどおど
不信感
おどおど
セールス失敗
おどおど
小
セールス失敗
わ…私の態度がそもそもの問題だったなんて…
んん若い時はしょうがない
これからじゃこれから…
ほっほっほ
うぐぐ

最後におヌシ！
ぶきゃっ！
うっ…
プス
プス
ぼ 僕には何も落ち度は……
そこじゃ！
セールスがうまくいかんのは己の力量・努力・工夫が足りんからなのに
それを認める勇気がないうえにお客さんのせいにするなどー…
言語道断!!
お客さんが理解できねばどんな高尚なコンセプトも画餅！ 無意味！ 無価値！
うっ…
力量不足！
工夫不足！
努力不足！
無意味!!
セールス失敗!!
勇気不足！
無価値!!
み… 認めたくはないが…
当たってる…

じゃ…じゃあどうすれば…

一人前の営業になれるんですか？

ま
おヌシらが望むなら教えてやってもよいぞよ
フフフ…

いきなり上から…

なんかシャク…

み…見た目はやっぱり危ないジイさんっスよね…

自分で〈仙人〉とか言っちゃうしー…

うん そのセンスやばいよな
ひそ ひそ
ひそ…

ひそひそ話だと思うんじゃが がっつり聞こえとるし… わざとかなぁ そうじゃないんかなぁ どっちかなぁ こわいな～ こわいな～…

でも 今の僕らの会話を聞いただけで…

うん うん…

ここまで指摘できるのは…

本物だっ!!
教えてください
ふむ…まぁよかろう
この営業仙人が・・・最強営業マンになれるノウハウを
伝授してしんぜようぞ!!
ハッ…ハッ…ハッ…
さ…最強営業マン…!?

販売実績UP!!
売約済
さすが山崎！
契約者数うなぎ登り!!
保険ってやっぱり大事よね～
安心だわ～
むーん！
キミはプレゼンの神だね
いや～それほどでも
キミのコンサルティングのおかげで大幅に黒字化できたよ！
キャ～♡高輪さ～ん♡
提携先大幅拡大!!
バラ色の人生
最強への道
その極意は…
ごくり‥

お客が欲しいというものを
売ってはいけない!!じゃ
お…お客様が…
欲しいというものを売っては…
いけない!?

はぁ？
ど…
どういうこと
なんですか？
それはな…
ふぉふぉっ…
おっと…
もうこんな
時間か…
今日は
閉店じゃ
続きは
第２章でな～
そんなぁ～

あなたのセールスは？

『お客が欲しいというものを売ってはいけない』

「はあっ？　何言ってるの？？」

あなたが読み間違えたわけではありません。もちろん、私が書き間違えたわけでもありません。

じゃあ、書き間違えたくせに、間違えたと言うのが悔しくて、顔をプ～っと赤くふくらませた子どもみたいに、もうヤケクソで言った？

いいえ、違います。

冗談で書いているのではないのです。私は、とても真剣。

『お客が欲しいというものを、売ってはいけない』

本当なのです。本当にこの一言が、セールスの極意をすべて言い表しているのです。

その「極意」とは何か――。

おっと、それはこの本を読み進めてもらって、マンガの登場人物たちと一緒にお伝えしていきましょう。

出し惜しみ？

いえいえ、決してそういうわけではありません。

その前にまず、マンガの中で仙人に語らせきれなかったことを、ここで補足しておきたいのです。

なぜセールスで失敗してしまうのか――？

その理由を具体的に見ていきましょう。

１００人中99人が陥る『アリ地獄』への第一歩

世の中には、さまざまなセールスパーソンがいます。

マンガの登場人物たちは、それぞれ中古車販売業、金融・保険業、物流業のセールスパーソンですが、その他にも小売業、サービス業、不動産業、卸売業、製造業……、さらには、そうした法人を相手にセールスをしている法人セールス。

営業職というのは、きっと日本で一番多い職業なのではないでしょうか。

でも、**99パーセントのセールスパーソンは、自分が『アリ地獄』に足を突っ込んでいることに気づいていません。**

そう、『アリ地獄』です。

私が偶然それに気づくことができたのは、ある書店でのこと。

「書店で売られているセールスの本というのは、どのようなものなのだろう?」

そう思って、棚に並ぶセールスの本をながめているうちに、そのショッキングな事実に気づいた私は、鳥肌が立って青ざめました。

とてもショッキングな話をしますから、少しだけ覚悟をしてください。

あなたに限らず、「セールスがうまくなりたい」と願うとき、どうするでしょうか？

そうです。セールスが上手な人から学ぼうとしますよね。

もちろん、学ぼうとする姿勢、それ自体は間違いではありません。

でも、**学ぼうとする際に「何を学ぶ」のか、それを間違えてしまうのです。**

書店に並ぶセールス・営業の本。数えれば100冊以上です。超大手の書店ともなれば200冊を超えます。どれを選べばいいのかわかりませんよね。

とりあえず、表紙が目立つか、評判のよさそうな本を手にとって、読みやすさとか、効果がありそうかどうかといったことを考えながら、立ち読みするでしょう。

そして、何冊かの中から1冊を選び、レジまで持っていきます。

財布の口を開き、中からお金を出して……。

この瞬間こそが、『アリ地獄』に足を突っ込む瞬間なのです。

これらの本の99パーセントは〝セールスが上手な人のやり方〟が書いてあります。

そして、その本を書いた人は、ほとんどがセールスの達人です。たとえば、自動車メーカーでトップセールスマンだったとか、1人ですごい売上を稼いだ保険外交員とか。

だから「マネしなさい」というわけです。

ところが、もし彼らが話しているノウハウというのが、モノマネするのにとても困難な方法だったとしたら、どうでしょうか？

たとえば、東京から大阪まで、できるだけ速く行きたいとします。

それで、すごくスピーディに行った人のやり方をモノマネしようと、その人たちが書いた本を手にします。

しかし、そこに書かれていたのが……、

●飛行機のパイロットが、自家用セスナで大阪まで飛ぶ方法

●レーシングカーで高速道路を320kmでかっ飛ばして行く方法
●800馬力もあるジェットクルーザーで、海を最短距離で行く方法
●自家用ヘリコプターを操縦して一気に行く方法

どうでしょう？　モノマネしたいですか？　できそうですか？

そう。すごすぎてモノマネできないのです。少なくとも私には不可能。

いやいや、「モノマネを通じて習熟し、そのとおりにできる人もいる」というのが正確な言い方でしょう。でも実際には、できない人のほうが圧倒的に多いと思うのです。

多くの人は、ある本を買って、そのとおりやろうとしても、思うようにモノマネすることができません。

そうなれば、次はどうするでしょうか？


――違う人の本を買う――


そうです。違う人の本を読んで、別の方法を試そうとするのです。

「今度は、これをモノマネすればうまくいくんじゃないか？」「これだったら自分に合

うんじゃないか？」「よし、これなら……」

そうやって、悪循環の中に巻き込まれてしまうのです。

中には自分にピッタリの方法に出会える人もいるでしょう。その人は幸せです。

しかし、私が日々コンサルティングをしている経験の中から言わせてもらえば……、

『自分に合ったセールスノウハウを探している間に、営業人生が終わる』

あなたは、自分でも知らない間に、巻き込まれてはいないでしょうか？

今までに、セールス関係の本を読んで、うまくいかなかった経験はありませんか？

たとえそうだとしても、それは著者が悪いのではありませんよ。

それに、できなかったあなたが悪いのでもありません。

その謎を解き明かしてくれる〝カギ〟を、あなたが持っていなかっただけなのです。

この本ではあなたに、その〝カギ〟をお渡しします。同時にとてもシンプルで簡単なセールステクニックもお渡ししましょう。

そのテクニックは、特別なことではまったくありません。すごく普通です。でも、誰もやっていないのです。

しかも、これ以上ないというほどシンプルです。

だからこそ簡単。もう明日から使うことができます。

ただ、お断りしておきます。だからといって私は、そのやり方が、あなたにとって世の中で最高の手法だと主張するつもりは毛頭ありません。

確かに私は、今までに、このセールスノウハウで、凡人だったセールスパーソンを最強セールスパーソンに育ててきました。

しかし、大切なのは「他人ができたかどうか」ではなく、あなたが、「なるほど、よし！これならできる！」と自信を持って感じられるかどうかなのです。

この本を読んで、あなたにピッタリのセールスノウハウを見つけるヒントを、ぜひつかんでほしいと思います。

モノマネ注意の6つのセールス手法

ところで、書店にあふれるセールス本には、どのようなセールステクニックが披露されているのでしょう？

ここでは、特に「マネるな、危険！」の6つのセールステクニックをご紹介します。

【モノマネ注意のセールス法①】説得・こうすれば断られない系セールス
「説教みたいで何かイヤ……」

これは、そのものズバリ！　お客さんを説得すれば売れるという論法です。「こうすれば断られない」という手法も同じようなものです。

バカを言っちゃいけません。**お客さんは説得などされたくありませんよ。自分で納得して買いたいのです。**

たとえば、あなたが中古車を見に行くとしましょう。カタログもいろいろ手に入れました。情報誌もたくさん読みました。比較検討も自分なりにしたつもりです。

だからこそ、中古車ディーラーへと足を運ぶのです。

「この車、ちょっとドアを開けてみてもいいですか？」


しかしこの段階では、ほとんどのお客さんはまだ迷っているのです。


「どうしようかなぁ。本当に買うべきなのかなぁ。今乗ってる車もまだ乗れるしなぁ。買うにしても、これが一番いいのかなぁ。これが、ベストの選択なのかなぁ――」

そうです。買うべきかどうかさえ、まだ迷っているのです。


ところが、そんなことは営業マンには関係ありません。

「この車、見た目もいいでしょ。年式の割には、程度もすごくいいし、エンジンも快調ですよ。絶対にお買い得ですよ」

もう、あの手この手で〝買うべきだ〟の説得を開始します。

買わせようとする意図が気持ち悪いぐらいに伝わります。

こうなるとお客さんは、ますます迷ってしまって、

「すいません。また来ます」

本当に来る気がなくても、そう言って逃げようとします。それでも、説得セールスはあきらめません。なぜなら、彼らにとって、命の次に大切な標語があるからです。

『セールスは断られてからが勝負だ！』

「悩まれるのもわかります。では、手付金などは不要ですので、こちらにサインだけしていただければ3日間はキープできます。ただ、先ほども、他のお客様がその車をご覧になられていて――」と心理的に追い込んできます。

まるで、蛇がトグロを巻くかのように、徐々に獲物（顧客）を追い込むのです。お客に断らせないための詭弁《きべん》を駆使《くし》し、逃げられないように仕向けていくわけです。

でも、お客さんは、二度と来ません。

なぜでしょう？　お客さんの心の中をのぞいてみれば、わかります。

「なんか嫌！　しつこい！」

【モノマネ注意のセールス法②】プレゼン提案系セールス「ピントずれてる！　センスなさすぎ！」

「お客へのプレゼンテーションに力を入れろ！　そうすれば売れる」という論法です。

もう、悲しくなってきます。これは大ウソです。

そもそも、提案をする前に「何を望んでいるのか」をしっかりと聞いてもいないのに、どうやって提案しようというのか理解に苦しみませんか？

でもそう言うと、必ず反論にあいます。

「相手の期待をはるかに上回る素晴らしいコンセプトを提示することができれば、気に入られるはずだ」

反論される方は、これを信じてプレゼンテーションをするのでしょう。

しかし、そもそもお客さんの期待を全部聞いていないのではないですか？

だから、たった1か所だけでもケチをつけられると、渾身《こんしん》の力を振り絞った提案も、バブルのように泡と化してしまうのです。

お客さんの要望さえも聞かずにする提案セールスは、バクチに近いと言えます。もっと言えば、自己満足以外の何ものでもありません。
それなら、提案をしなくても売れそうなお客さんを探したほうが早いのです。
たとえば、一級建築士の業界には、このパターンがとても多いように思います。

お客さん「いやあ、家欲しいんですけど……」
一級建築士「OK。じゃあ、とりあえず図面作りましょう」
一級建築士「図面作りました」
お客さん「なんですか？　この三角の家は？」

これは極端すぎますが、これで契約がとれるとしたら、お客さんの要望が〝建築士の言うことに盲目になりたい〞ということなのでしょう。
「今回は、逆三角形で、すんごい不安定な家作ってきました」「うわ、メチャメチャ奇抜じゃん。それに決めた！」ということになる……わけがありません。

相手の欲求を聞くこともせずに提案したって、ダメなのです。

【モノマネ注意のセールス法③】マメママメ系セールス
「もう、わかったから……」

「マメに顔を出せ」「マメに電話しろ」「マメにハガキを出せ」という類です。

ハッキリ言いますよ。これは売れます。

私もかつて、この方法を実践したことがあるのです。年間500枚のハガキを書くというノルマを立てて実行しました。確かにお客さんからの評判は、上々です。

でも、非常に疲れました。時間もかかりすぎました。1日に2枚も書けばノルマクリアなのですが、1週間と続きませんでした。

確かに、継続すれば業績は上げられます。

ただし、継続すれば……です。

誰も継続できないからこそ、継続するだけでいいのです。ある意味、とても簡単です。しかし、私はできない言い訳をします。他人からなんと言われようとかまいません。もうヤケクソです。できないのを棚に上げて、自己正当化します。やればいいのは頭じゃわかっちゃいるけど、私にはできないし、辛いんです。

つい、「何か他にもっとラクな方法ない？」と聞きたくなるのです。

ダイエットしたい。じゃ食べなければいい。

わかっちゃいるけど食べちゃう。それに近いと思うのです。

これほどの努力を継続して注ぐことができる人なら、売れて当たり前なのではないでしょうか？

やはり、どう考えても効率がいいとはとても思えないのです。

にもかかわらず、あなたが「よし効果があるならやってみよう！」と言うなら、いいことを教えましょう。

マメママメセールス用の人間関係方程式™です。

「良好な人間関係」＝「人柄」×「接触頻度《ひんど》」

いくらマメママメとハガキを出しても、人柄が伝わらない「挨拶ハガキ」だけでは、人間関係が構築されるまで無限にハガキを出さなければなりません。掛け算になっているのはそういう意味です。

逆に、人柄さえ伝わるハガキを作れば、出す回数（接触頻度）を少なくできます。

それでも、この方程式を知ったからといって、相変わらず契約は決まらないのです。

なぜなら、人柄だけでモノが売れるような余裕のある時代は終わったからです。

【モノマネ注意のセールス法④】感動セールス
「雨の中で立って待っているなんて……」

「お客の心をつかめ！」という類ですね。

雨の中でたたずんで、今日もお帰りを待っているとか……。

忠犬ハチ公じゃないんです。


確かにお客を感動させるのは、セールスにはとても有効です。でも、使い方を間違っているのです。

既存の感動セールスというのは、感動させることで心理的な錯覚をさせます。

たとえば、号泣するほど感動する絵本を読んだとしましょう。その絵本の作者に対して、あなたはどのような印象を持つでしょうか？

「こんな感動物語を書けるなんて、きっと、いい人に違いない……」

そう。これなのです。


私自身、感動セールスの達人を知っています。もう亡くなられましたが、注文住宅をムチャクチャ売った人です。その手法こそ、バリバリの感動セールスです。


具体的にお話ししましょう。

ある見込み客がいたら、その人の持っている土地へ行くのだそうです。

もちろん、まだ家は建てられてないので空き地ですが、そこへ土曜、日曜の朝早くに出かけて行き、長い棒を立てて、ず〜っとすわっているのだそうです。

彼は知っているのです。見込み客が土日になると必ず建築予定地を見にやってくるという習性を。

案の定、見込み客は自分の土地へとやってきます。

そして、筋書きどおりに彼を見つけて、「何してるんですか?」と声をかけてきます。

「あ、どうもすいません。あなたの家を設計するうえで、日当たりがどういうふうに移動するのかっていうのを、1日かけてこう、調査しないと、いい悪いなんか判断できないと思って——。私も今日は会社休みなんですけど、仕事中にはできないんで、今日中にやっておこうと思って。でもまさか、いらっしゃるとは——。お恥ずかしい限りです。申し訳ありません」と照れくさそうに話すわけです。

お客は思いますよね。

「自分の休みを潰《つぶ》してまで！　そこまで私の家のことを考えてくれているのか！」って。

彼が言うには、この方法で契約しまくったそうです。

ただ、これは非常に高度なテクニックを必要とします。簡単にマネできるものではありません。いかにも照れくさそうに、いかにもビックリしたかのように、いかにも朝から一生懸命に計測しているかのように。

『感動』は確かに有効です。でも、これでは使う場所が違うのです。

お客さんを感動させるのは、お客さんに要望を話してもらう際に、心を開いてもらう目的で使うのです。仮に、感動させることで売れたとしても、商品やサービスによって本当に相手を満足させられたかどうかとは関係がないのですから。

【モノマネ注意のセールス法⑤】自己売り込み系セールス
「確かにあなたは、いい人なんですけどね……」

「商品の前に自分を売り込め！」という類です。

マメマメ系セールスの項で、「人間関係」＝「人柄」×「接触頻度」という方程式について説明しました。

人柄を伝えることに重点を置かずに、接触頻度を頻繁《ひんぱん》にすることで相手に自分を売り込むのが「マメマメ系」です。

今度は逆に、接触頻度はそれほどでもありませんが、人柄をメインにして自分を売り込もうとするのが、これです。

でも、そもそも、万人ウケするような人柄を演出することなど可能なのでしょうか？

結局、マメマメ君と同じ狙いにすぎません。

「人柄だけでモノが売れるような、余裕のある時代は終わった」のですから。

【モノマネ注意のセールス法⑥】心理操作系セールス
「やっぱり後悔するじゃないか……」

非常に難しい方法なのであまり見たことはありませんが、これが上手なセールスパーソンは、困りものです。

「買う気にさせる心理トーク」といった類です。

たとえば、「外壁を塗り替えようかな」と思っているお客がいるとしましょう。

すると、「仮に、塗り終えてみた外壁をイメージしてみてください」と、お客に理想形を想起《そうき》させる方法などもあります。

いったん想起してしまうと、人間というのは欲しくなってしまうのです。そうしたイメージ想起による心理効果を利用したりもします。

もともとは、セラピストが自分のクライアントに対して、余計な情報に惑わされて間違った判断をさせないために用いる心理的手法と原理は同じなのです。

たとえば、セラピストは、

「すべてがうまくいったときをイメージしてみてください。どんな感じがしますか？何かが聞こえたり、見えたり、香りがしたり、体に感じるかもしれません。どうですか？」

こんなふうにイメージを誘発します。耳から、目から、感じから、味覚から、匂いはどうとか、身体にある感覚を研《と》ぎ澄《す》ませて、五感にイメージさせるのです。

そうすることで、人はその素晴らしい理想的なイメージの中に、浸ってしまいやすくなります。

理想的な状態をイメージしているわけですから、とてもリラックスした状態です。そうした安定した感じをしっかりと味わい、体で感じられるからこそ、苦しんでいた人も元気をとり戻せるのです。

しかし、**売り手が商品を買わせるために、こうした心理的手法を「悪用」するのは感心できません。**

ましてやインチキ商品を販売するために利用するなど、もってのほかです。

セラピーとは本来、そこに倫理をともなう、心理学の専門家が行うハイレベルな手法なのです。

微妙な表情や体の動き、呼吸、声のトーン、テンポ、ボディランゲージ、目線など、いろんな要素が大切になります。簡単にできると思ったら大間違いです。

「達人型セールス」はこんなところがすごい！

❶ 達人は断られない！

素人がやれば「うるさい！」とイヤがられる説得系セールスをしても、達人は断られません。

相手のパーソナリティや気持ちがわかるから「NO」と言いにくい状況をつくり上げられるのです。

❷ 達人のプレゼンはウケる！

お客様の要望さえも聞かずにするプレゼン提案系セールスをしても、達人は喜ばれます。
相手にはどういう内容のプレゼンテーションをどんな態度ですれば好感が持たれるのか、
達人にはわかっているのです。

❸ 達人はマメだと思わせる！

「マメに顔を出せ」「マメに電話しろ」「マメにハガキを出せ」というマメマメ系セールスは
確かに売れますが、素人には継続が難しいもの。
達人は相手にどんなマメさがウケるか知っていて、
そのポイントだけを突くので、効率的に相手にマメな印象を与えられます。

❹ 達人は感動させられる！

雨の中でたたずんで、今日もお帰りを待っているとか……、
そんな感動セールスも達人ならばお手の物。素人がやると気持ち悪がられます。
相手がどんなことに感動するのか、しっかりわかっているのです。

❺ 達人は好感を持たれる！

素人がやると時には嫌みに見える自己売り込み系セールスも、達人なら好感を持たれます。

相手がどんなタイプの人に好感を持つのか、わかっているのです。

❻ 達人は相手の心が操れる！

非常に難しい方法なので素人にはできない心理操作系セールスも、達人は見事にこなします。
セラピストがクライアントに用いる心理的手法と同じような原理を使って、
どうやったら相手の心理を誘導できるのか、わかっているのです。

どうですか？

素人からすると「これらは全部ミラクル！」にしか見えません。

売れる営業になるのは、決して難しいことではない

「売れる人は売れるし、売れない人は努力したって売れない。だから、会社は売れる人を採用するのが答えだ。売れない人材はやめたらいい」

そんなふうに切り捨てる人がいますが、それでは会社は大きくなっていきません。

人材を育てる指導力が足りないということを、自ら発表しているようなものです。

ごく普通の人材ならば、普通の努力によって、普通に売れるようになります。

それが営業スキルの指導であり、そういう方法論があるのです。

ただし例外が２つあります。

- **極端に、営業に不向きな人は、努力だけではなんともなりません。**
- **極端に、営業が得意な人を目指そうとしても、努力では届きません。**

しかし、それ以外の人は、普通に努力をすれば、ちゃんと上達できるのです。

第２章では、その「営業スキル」についてお話ししていきましょう。

第2章

営業マンは、まず3つの最強営業スキルを押さえよう

「お客が欲しいというものを売ってはいけない」。

これまでの営業セールスとは真逆の、この言葉に困惑する3人。

そもそも、営業の基本とはなんなのか?

第一歩として、営業マンが必ず押さえておくべき「3つの営業スキル」を仙人が説く。

お客様が欲しいというものを…
売ってはいけない…
って…なんだろ…?
ぼ～っ
じゃば…
じゃば…
じゃば…
そもそも――
わ！コラッ！山崎!!
あ！
す…すみませ～ん…
営業マンの基本ってなんなんだ?

ハウスマン
フクロウカフェ
ふくふく
フクロウたちは
ちゃんとケージに
入れて
消灯と施錠も
しっかり
お願いしますよ
オーナー！
う…うむ
わかっとる
よ…
何かあっても
私は責任
持てませんからね！
…営業仙人って
この店の
オーナーだった
んだ…
…の割に
立場弱そう…
私が来たとき
閉店後に
勝手なこと
されても
困ります！
って
怒られて
ましたよ
それって
僕らのせいでも
あるのか…
お願いしますよ！
は～い…
お疲れ～…

待たせたのぉ
いやいや〜…
さっそく最強営業マンへの道を伝授していくとしようかの
は…はぁ
おほん…
あの…なんだかすみません私たちのために閉店後に…
かたじけない
なーに わしはこの店のオーナーじゃ
いつ何をしようと文句を言われる筋合いはないわい
ほっほっほ。
営業の道を説く
それが営業仙人の使命じゃて
ありがとうございます…
思いっきり文句言われてたじゃん
よろしくお願いします…
ぺこ。
うむ…
大船に乗ったつもりでおれ
では…

キュポッ!
わしはエサではございませんよ…
キーッ
キーッ
…もしやここで一番下なのか?
さてまずはその第一歩
営業マンには必ず押さえておくべき3つのことがある
3つ
…え? 3つ…?
たったそれだけ…?
少ないと思うか?
しかしなわざわざ難しく考える必要はないのじゃよ
愚か者ほど難しく考えようとしおる…
あったあった…
すっ…
まずはこの——

3つの『営業スキル』を身につけるのじゃ!!
第一の営業スキル
好印象の与え方
第二の営業スキル
消費者の購買心理プロセス
第三の営業スキル
セールストークの肝は〈合意〉
おおおお
達筆…
まず第一の『営業スキル』じゃが…
え～っと…
キョロ…
キョロ…
ちょっとくわえててくれませんかの…
ピィ

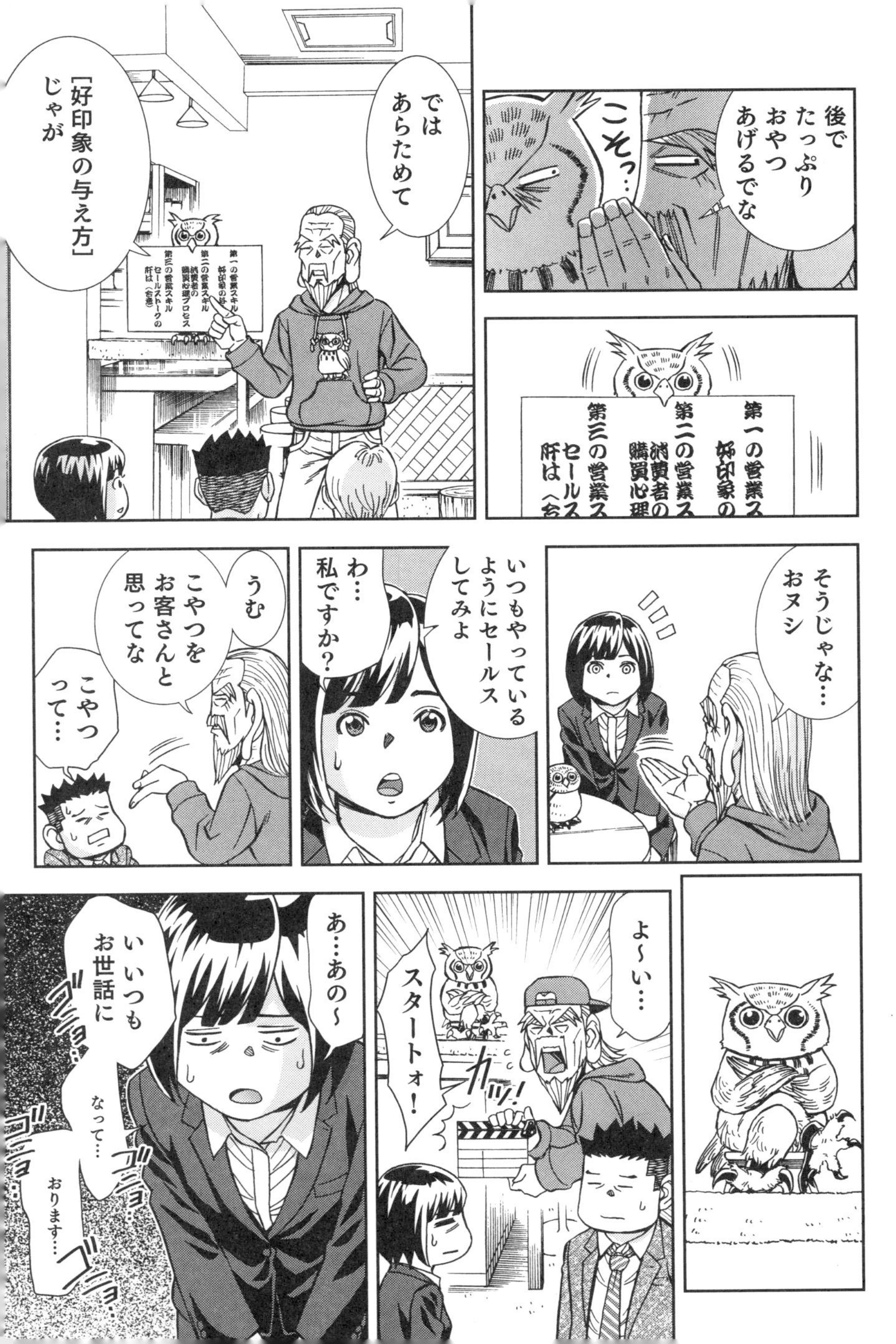
後でたっぷりおやつあげるでな
こそっ…
ではあらためて
「好印象の与え方」じゃが
そうじゃな…おヌシ
いつもやっているようにセールスしてみよ
わ…私ですか?
うむ
こやつをお客さんと思ってな
こやつって….
よ〜い…
スタートォ!
カッ!
あ…あの〜
いいつもお世話に
なって….
おります….
ゴニョ…

ホホ
ホープ生命の
ゴニョ…
う…
臼井静香と申します…
ゴニョ…
え?
あ!
…
あせっ
え~っと…
え~っと…
はい
カーット!
カッ
ビクッ
自信なさが
出すぎ!
声小さすぎ!
語尾
ごにょごにょ
話しすぎ!
ブンブン
うっ…
営業マンは
まずお客さんに
好印象を与えねば
ならん
おヌシのような
態度では
お客さんは
不安になって
しまうぞよ
感じの悪いやつや
信用のおけないやつから
モノを買いたいとは
誰も思わんじゃろ?
しょぼん…

第一の「営業スキル」「好印象の与え方」にはいくつかのコツがある
まずは声量・語尾そして目線
よろしくおねがいします!
ハキハキ
ーです ーます
ハッキリクッキリ
キリッ…
適切な声量で語尾もしっかり発音しお客さんにきっちり目を向ける
注意すべきは顔もしっかりお客さんに向けること
目線だけ向けるのは逆効果じゃぞ
さらに――
ぬっ…
ひっ!
表情や相手との距離感も大事じゃ
ズイイイ
ひぃぃぃ…
そこまで怯えんでも…
セクハラだ
顔ハラかも…

と…
ともかく！
近すぎる距離は
相手に嫌がられるし
ぴったり
コホン
表情が
はっきりせん
のもダメ！
ほげ～…
何を
考えてる
のか
わからん
感情が表情に
よく表れる人は
好印象に
受け取られる
ものなのじゃ
よろしく
おねがいします！
特に笑顔は
大事じゃぞ！
キラーン
ゆらり
それから…
服装と
色使い！
ひいっ!?
ジャッ！
ガタッ
オ…オシャレ
こだわって
ますけど？

派手すぎるスーツ！
華美な時計！
先の尖った靴！
素足！
どぎつい色のネクタイ！
NO! NO!
んん〜…
営業マンの身だしなみはお客さんのため！
格好をつけたいならプライベートでやれいっ！
セールスは好印象を持たれて初めてスタートラインに立てるのじゃ
……
よいな！
はい！
…なんか俺だけあたりきつくない…？

これでもう売上UP間違いなしですね！
これこれ…気が早いわ
いくら営業マンが頑張ったとて
そもそもお客さんのほうに買う気がなければ無意味じゃろ？
見ておるだけかもしれん
あ…
そこで必要になってくるのが
第一の
第二
カプッ
第二の「営業スキル」［消費者の購買心理プロセス］と
第三の「営業スキル」［セールストークの肝は〈合意〉］じゃ！
業スキル
好印象の与え方
第二の営業スキル
消費者の購買心理プロセス
第三の営業スキル
セールストークの肝は〈合意〉
これはまとめて説明しようかの
わしが客だとして今どういう心理状態だかわかるかな？

そ…そんなのわかるわけないですよっ
う…うん
いんやわかるんじゃな
え!?
お客さんの心の中を知る方法があるんじゃよ!
キラッ
モノを買うときにはまずきっかけとなる「感情」がある
怒り・苦痛・恐怖喜び・愛情などが基本的な感情じゃが
こういった起点となる感情があり
いくつかの段階を経て
最終的な購買消費行動へとつながるのじゃ
買っちゃった〜♡

おヌシらも会社での仕事がつらい（苦痛）という感情があり
それゆえフクロウカフェで癒されよう（消費）となったわけじゃろ
確かにそうですね…
すりすり
その「感情」から「消費」までには段階があってな
たとえば
ランチどこ行く？
お腹減った〜
何か美味しいもの食べたいわ〜
ここでは空腹という苦痛の「感情」
あるいはおいしいものを食べて幸せになりたいという欲求の「感情」が生じているんじゃな
この感情を満たすにはどうすればよいかと
お店について調べようとする
どんなものがあるのかなぁ…？
うーん…
ほーぉ
「関心」と「情報収集」の状態
ん〜…？
情報が十分に集まったらそれをもとに比べて選ぼうとする
安くておいしいよ〜
上品な味わいだよ
庶民派中華
高級中華
中華は2軒か…
よし！中華にしよう！
ふむふむ…
「比較」と「判断」の状態

そして最後に意思決定として「妥協」という現象が起こり
モノを買うという段階にいたるわけじゃな
Aランチ￥850
庶民派中華
ランチがあるからこっちに決定！
これらの心理状態を見極めないとセールスはうまくいかん
「関心と情報収集」の段階のお客さんにガツガツと売り込むと
お客さんこっちこっち！
美味しくてお得ですよ～！
今ならドリンク一杯無料!!
まだ～見てるところだってば～！
しつこいわねもう！
面倒くさがられて逃げられたり
場合によっては二度と利用してもらえなくなったりする
そそくさ～
……
しかし…お客さんの心理状態なんて
そんなに簡単には…
わかるッ!!
えっ…!?
わッ
それが――

合意
第三の「営業スキル」
「セールスの肝は合意」じゃ!!
たとえばお客さんへの最初の挨拶で
いらっしゃいまっせ～
お客様！いやぁ～最高のタイミングでのご来店です！
実はすごくお買い得の車があるんですよ！
まずは当店お勧めの車をご覧になりませんか？
ペラ…
ペラ…
ペラ…
中古車
…と来られたらどうじゃ？
今はまだ見たいだけだからほっといてって感じ
なんかウザいな
……
じゃが！
いらっしゃいませ
何かご案内いたしましょうか？
ニコッ…
ご自由にご覧いただいても結構ですよ
気になる車がございましたらご説明させていただきます
応援させていただいてよろしいですか？
…と言われたらどうじゃな？
ほう…
お

う～ん…
目当ての車や予算が決まっていたら相談しちゃうかもな…
そう言われると「少し見せてください」ってフラッとなっちゃうかも…
そう考えると無理に勧められないっていうのは
変な圧力受けなくて安心感があっていいですね♪
さよう…
ぐうぅぅ…
さらに
まず〈合意〉をとろうとすることでお客さんの心理状態を確認することもできるのじゃ
リアクションが薄かったら まだ「関心と情報収集」の段階
案内？結構です
今日は見るだけ～
直接見たい車があってね
ぜひ説明をしてもらえんかね
話に乗ってきたらもう「比較と判断」の状態といった具合にだ
〈関心と情報収集〉
〈比較と判断〉
なるほど「関心と情報収集」の段階ならこちらはあまり介入しないとか
「比較と検討」の段階ならより良い「妥協」（商品・サービス）を選択できるよう手助けするとか
アプローチも変えていく必要があるんですね！
そのとおり！

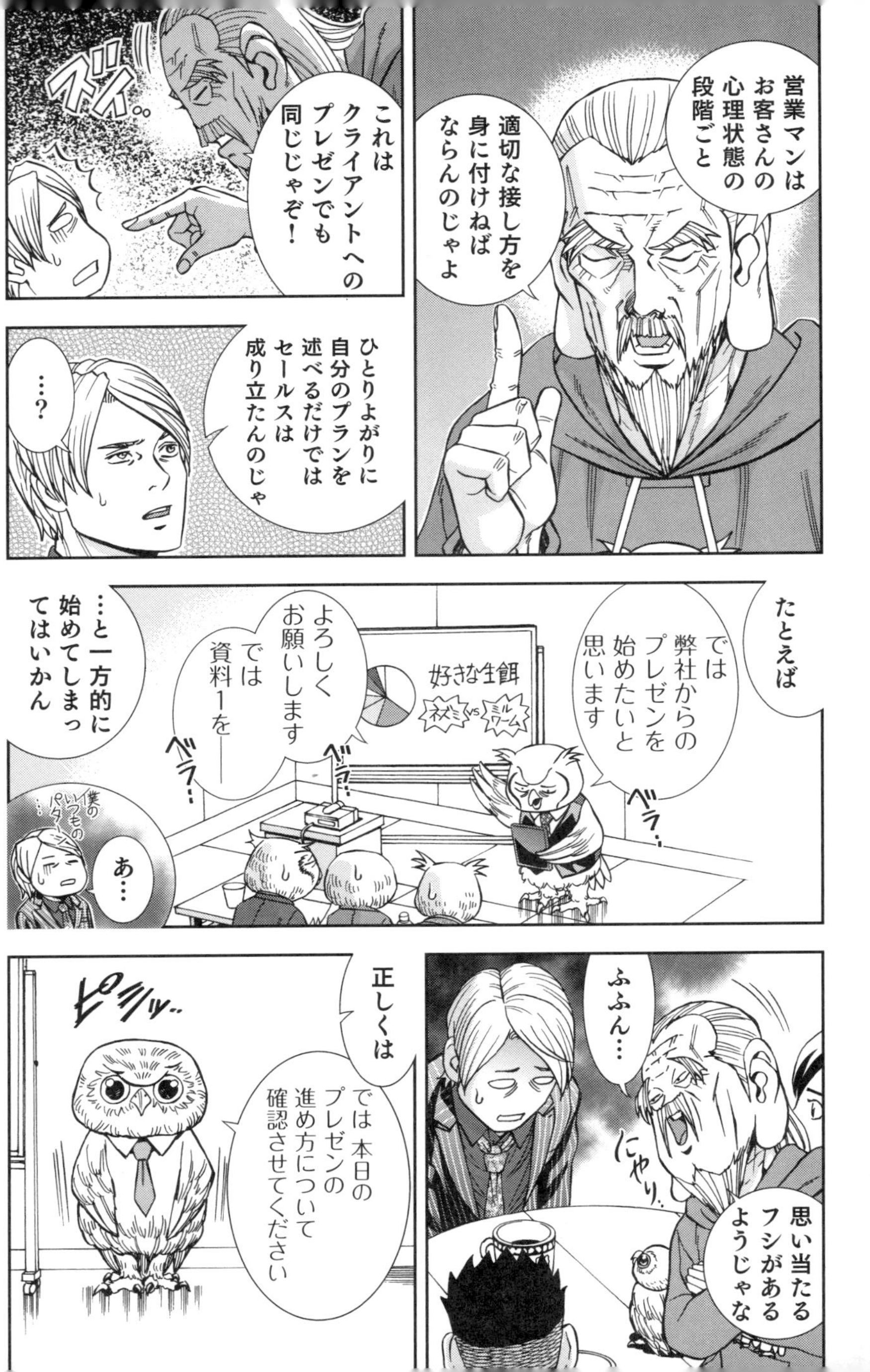
営業マンはお客さんの心理状態の段階ごと
適切な接し方を身に付けねばならんのじゃよ
ズイ。。
これはクライアントへのプレゼンでも同じじゃぞ!
ひとりよがりに自分のプランを述べるだけではセールスは成り立たんのじゃ
…?
たとえば
では弊社からのプレゼンを始めたいと思います
好きな生餌
ネズミ vs ミルワーム
ベラ…
よろしくお願いします
では資料1を——
ベラ
ベラ…
…と一方的に始めてしまってはいかん
僕のいつものパターン…
あ…
ふふん…
にやり…
思い当たるフシがあるようじゃな
正しくは
では本日のプレゼンの進め方について確認させてください
ピクッ…

ハキハキ…
まずこちらからプレゼンをいたします
その後質疑応答のお時間をとらせていただき——
最後に弊社が他社とどのように違うのか
御社にとってどのようなメリットを出せるのか少しだけアピールさせてください
テキパキ…
終わりに本日のプレゼンの感想をお聞かせいただければと考えております
本日はそのような順番で進めたいと思いますが
にこっ
よろしいでしょうか?
なかなかデキるなこの営業マンは
ホーオッ…
といった具合にちゃんと〈合意〉をとろうとすることがまさに肝なのじゃ!
おヌシのプレゼンに決定的に欠けていた部分ではないかな?
ん?んん～?
か…返す言葉もない…
まぁざっとこんな感じじゃが…
ためになったかな?
すぐにでも試してみたい!
うん!
た…確かに…

3つの「営業スキル」…
使える!!
ぺ〜ラララ…
ぷる‥ ぷる‥ ぷる‥
魑魅魍魎の跋扈《ばっこ》するビジネスの世界
3つの「営業スキル」は営業マンとして生き抜くための基本の〝き〟
おヌシらにしかと授けたからな

ほ…本当に営業の達人だったんですね!
大先生!
仙人…いや〝営業神〟です!
よせよせ~
あまり持ち上げるでない
ワシはおヌシらが営業マンとして大成してくれれば
ほっほっほ。
それで十分じ
ゃッ…!?
最強営業マンへの道はまだ始まったばかりである
ぎゃあああ~
おやつ!
ケージに入れるの手伝ってこう
うん…
ケプ

好印象はコントロールできる

『好印象を与える5つのコツ』

「あの営業マン、なんか感じ悪いわね」

「あの営業の人、雰囲気が良くて、印象がいいね」

などなど、お客さんは営業マンに対して、いろんな印象を持つものです。

もちろん、印象が悪い営業マンよりも印象の良い営業マンのほうが売れやすいのは、言うまでもありません。


ところで、お客さんは、どうやって印象を感じ取っているのでしょうか？

世の中には、「初対面で好印象を与える営業マン」が確かにいます。彼らは、初対面のわずかな時間で、何をどうしているのでしょうか？

そこで私は、好印象の理由を突き止めるための実験をしてみることにしました。通販番組の映像の制作を通して、好印象を演出することができるのかどうか実験をしたのです。

この実験の目的は、「好印象を演出すると、広告の反応は上がるのか？」というものです。

もちろん勝算があってのことですが、実験では、印象を構成する要素として次の３つを選びました。

●インタビューに答える愛用者
●解説ナレーションの声
●知識を解説する専門家

この３つの要素について、意図的に「好印象」を演出して映像を制作しました。

すると、過去の通信販売の売上と比較して1・4倍も伸びたのです！　放送枠、時間帯、さまざまな組み合わせを考慮しても、この傾向は明らかでした。はっきり言って、1・4倍というのは驚異的な数字でした。

制作サイドが変更した3つの要素は狙ってのものですが、通販番組を観た人はおそらく何がどうというよりも、「なんとなく」好印象を抱いたはずです。

アメリカ大統領の選挙戦におけるイメージ戦略や、マスコミによる「印象操作」という言葉を見るたびに、私は「営業マンも、ある程度は、印象のコントロールができるはずだ」と感じていました。

さらには**「営業マンが、好印象になると売上は伸びるはずだ」という仮説も自分の中にありました。**

その仮説を証明する実験には少なからず手間と費用がかかりましたが、その結果から「好印象は演出できる！」と確信できたのです。

これらの実験と検証から得られた「営業マンが好印象を与えるためのコツ」のうち、「声量や語尾」、「目線」、「表情」、「相手との距離（身体距離）」、「服装や色使い」については、マンガの中で仙人が説明してくれましたが、ここではその補足として、さらにいくつかのポイントをあげておきましょう。

【好印象を与えるコツ①】声量と語尾

「えっ？　なに？」と何度も聞き直されないように、しっかりと声量のコントロールをして、語尾もハッキリ発音するようにします。

声量は小さすぎず大きすぎず適量で話すことが大切です。あなたに背を向けている相手に、名前を呼んで振り向いてもらえるぐらいの声の大きさを目安にしましょう。

声を相手に届けようという意識が大切ですよ。

【好印象を与えるコツ②】目線

マンガにもあったように、まず目線と顔の向きを一致させることが基本ですが、接客をしていると、複数のお客さんを同時に相手にして、コミュニケーションをする機会も少なくありませんよね。

たとえば、保険のセールスマンがご夫婦を相手に営業するときには、お客さんは2人になります。法人向けの営業マンでも、お客さんとして、担当者とその上司の2名を相手にすることがあります。

そのときに、いわゆる「キーマン」のほうを向いて話をするのは良いのですが、その隣にすわっているお客さんと目を合わせるときに、目線だけ動かす営業マンがいます。

それがダメなのです。

お客さんが複数の場合でも、**目線を動かすときにはできる限り、目線と顔の向きを一致させてください。**

こうしたことは、目線を上下に動かすときも同じことが言えます。

たとえば、机の上の資料を読みながら、「こちらについてですが……」と、顔は下を向いたままで目線だけをチラっと上げる行為もアウト!

やはり、**目線だけ動かすと印象が悪くなるのです。**

そうならないためにも、一度、顔の向きと目線を一緒に上げて、また顔の向きと目線を一緒に落とすようにしましょう。

【好印象を与えるコツ③】表情

ひと言でいえば、**「感情を表情に出すようにする」**となります。

たとえば、驚いているときには驚いている表情を、困っているときには困った表情を、うれしいときにはうれしい表情をするということです。

感情が表情によく出る人というのは、好印象に受けとられるのです。

「えーっ？　それって普通のことでしょ？」

そう思った人は大丈夫です。しかし、多くの日本人にとっては、「感情を表情に出す」というのは、ちゃんとトレーニングしないと、うまくできません。

大人になるにつれて、冷静になり、表情が減っていく人も多いからです。

だからこそ、表情を豊かにするために、鏡の前で、うれしいときや残念なときの顔をつくって、自然な表情を出せるようにトレーニングしてみる必要があるのです。

特に笑顔は大切です。よく練習しておきましょう。

口角を上げれば誰でも笑った顔はつくれますが、目の奥が笑っていないと相手に好印象を与える笑顔にはなりませんので、ご注意を――。

【好印象を与えるコツ④】相手との距離（身体距離）

先日、家電ショップへ行ったとき、ものすごく近くに立つ営業マンがいました。

私は心の中で、「お、おいっ、顔がちけーんだよ……」と叫んでいました。そうなるともう、何を話しているのかまったく頭に入ってこないのです。

こうした物理的な距離のことを、武道の世界では「間合い」と言ったり、心理学の世界では「パーソナルスペース」と名付けたりしています。そこに入りすぎてはいけないのです。

では、「パーソナルスペース」というのは、実際には、どれぐらいの距離なのでしょうか？

お互いが対面に立ち、「前ならえ」をして、両者の指先が触れない距離を目安にするといいようです。

つまり、初対面で名刺を渡すときに、一時的に近づいたとしても、名刺交換をしたら、適切な距離感を保とうとすることが大切なのです。

もし、資料を一緒に見たいとか、**距離を詰めたい場合には、横向きに近づいていくと**

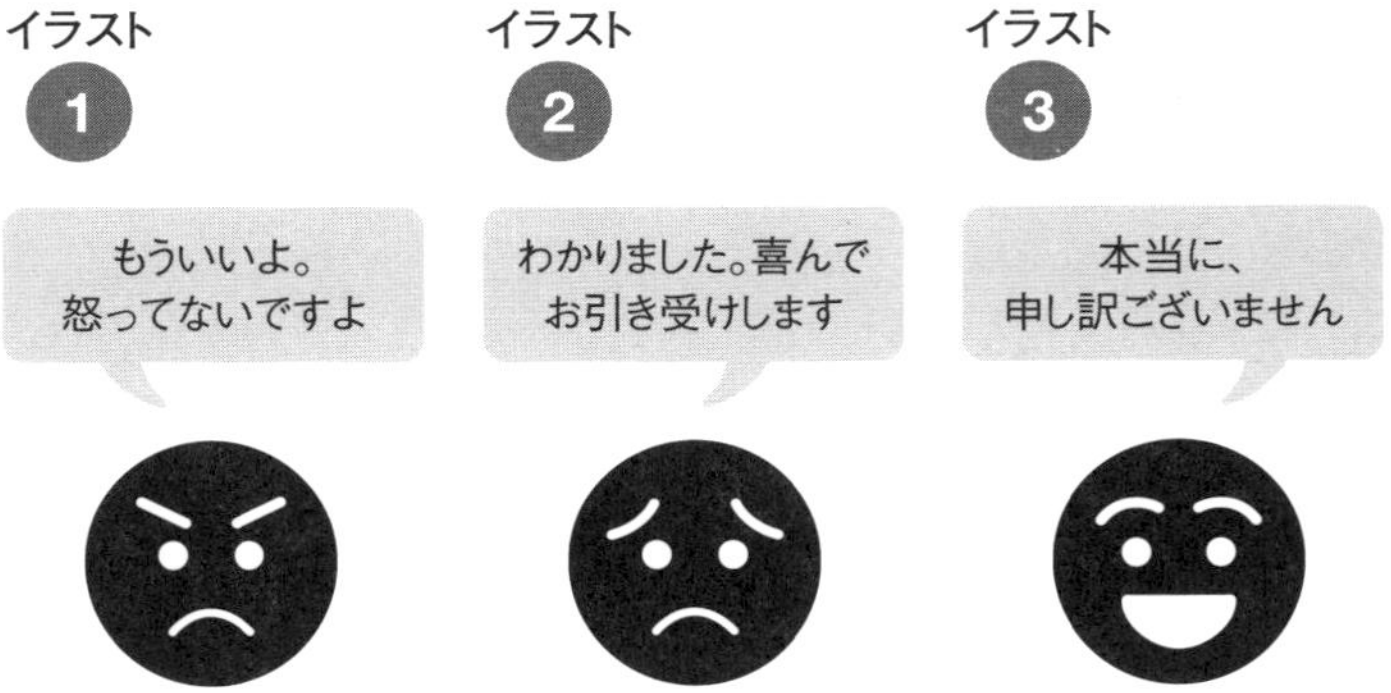
イラスト 1
もういいよ。
怒ってないですよ
イラスト 2
わかりました。喜んで
お引き受けします
イラスト 3
本当に、
申し訳ございません

抵抗感が下がることが知られています。

【好印象を与えるコツ⑤】
ダブルバインド・パターンで話さない

まず上の3つのイラストを見てください。

イラスト①
「もういいよ。怒ってないですよ」

イラスト②
「わかりました。喜んでお引き受けします」

イラスト③
「本当に、申し訳ございません」

これらのイラストをご覧になって、どのように感じましたか?

注目してほしいのは、イラストの言葉と表情です。

1つ目のイラストは、「怒ってないです」と言いながら、表情には明らかに怒りの感情が出ています。

2つ目のイラストも、口では「喜んで」と言いながら、表情には明らかに残念さや悲しみの感情が見受けられます。

3つ目のイラストも、「申し訳ございません」という言葉とは裏腹に、反省しているようには100%見えません。

このような、**「伝えている言葉の内容」と、その「言葉を話している人の態度」が矛盾している、相反している状態を「ダブルバインド」と言います。**

この言葉は、アメリカの文化人類学者のグレゴリー・ベイトソンによる、ある研究に用いられた造語に由来しており、「伝えている内容と表情が相反する概念」として使われています。

表情と言葉の矛盾を感じるというのは、私たち人間は、表情を読み取ることができることを意味します。つまり、**言葉とは別に表情で、さまざまなことが伝わっているわけ**です。

私がセミナーでこの話をすると、多くの営業マンは、笑いながら、

「私は、そこまでバレバレなこと、やっていませんよ……」

という顔で聴いています。

しかし、本当でしょうか？

「この商品、もっと安くならないの？」とお客さんに言われて困ったときに、「いやぁ勘弁してくださいよ」と断りながら、苦笑いをしていませんか？

「これはどういう仕組みなんですか？」とお客さんから質問されて、詳しい商品知識がなくて、「すみません。ちょっとわからないので……」ととまどったとき、苦笑いをして、その場をやりすごそうと思いませんか？

人間は、とっさに湧き上がった感情を隠すのを極めて苦手にしているのです。

売れない営業マンほど、その困ったり、あせったりしている感情をお客さんに悟られないように、その場をとりつくろおうとします。バレないように隠そうとします。できるだけ平静を装おうとします。

ところが、お客さんには、その必死さが伝わってしまっているのです。それに気づいていないのは、当の営業マン本人だけという、はたから見れば滑稽《こっけい》な状況なのです。

一方、デキる営業マンというのは、感情を隠そうとしても、表情に必ず出てしまうことを知っています。だから無理にとりつくろいません。

困ったときは、困っていることを上手にお客さんに伝えます。

「弱りましたねぇ。お客様のご希望に沿《そ》えるかどうか検討するのに、少しお時間をいただけませんか？」

「すぐにお答えできずに、申し訳ございません。ちょっと頭の中を整理させてください」

「う～ん、どうお答えしたら良いか正直、困っております。少しだけお待ちいただけますか？」

お客さんに合わせた調子の良い対応ではなく、率直な言葉とともに語るのです。デキる営業マンは、下手に嘘をついたりスマートな対応をしようとしたりしません。

それよりも、お客さんに本音で向き合う姿勢のほうが、むしろ好感を持たれ、結果として信頼につながり、成果につながることを知っているのです。

これはトレーニングによって誰でもできます。実際に、**営業の現場に出る前に、お客さんとの会話の場面をイメージするだけでも効果的な練習になる**はずです。

ここまで、「好印象の与え方」について説明してきましたが、これらは最初から全部できていなくても、まったくかまいません。慣れないうちは、緊張は表情に出ますし、おどおどした目線になるのも仕方がないことなのですから。

日々の営業活動の中で、徐々にできるようになっていけば大丈夫です。

読心術を使えなくても「お客さんの心の中」を知る方法

第二の営業スキル「消費者の購買心理プロセス」についても、もう少し整理してお話ししておきましょう。

消費者が商品・サービスを買うまでの心の動きのパターンをもとに、私は1つの「消費者の購買行動モデル」をつくり、これを『**EIICJCの法則**』と名づけました。

「EIICJCの法則……えいいくじぇ？」

これ、頭文字をとったのが失敗でした。

良い法則名を考える時間が足りなかったとはいえ、あまりにもイケてない法則名に、度肝を抜かれている読者がいるのではないかと心配でなりません。

しかし、ネーミングは残念な結果で終わっているものの、消費者の購買行動モデルとしては非常に優れていますから、ぜひ、参考にしてください。

1　Emotion（感情）

2 Interest〔関心〕と Information gathering〔情報収集〕

3 Compare〔比較〕とJudgment〔判断〕

4 Compromise〔妥協〕

消費者が商品・サービスを買うまでの心理や行動のプロセスというのは、マンガでも説明したように、この1～4の順番で行われています。

この『EIICJCの法則』を、営業マンはどのように活用できるのでしょうか？

営業マンの目の前に、あるお客さんが現れたとしましょう。

そのお客さんは、何をしに来ているのでしょうか？

【消費者の購買心理プロセス〔EIICJCの法則〕】によれば、お客さんは、〔関心と情報収集〕をしようとしているのか、〔比較と判断〕をしようとしているか、いずれかだということになるのです。

もしも、お客さんが、〔関心と情報収集〕の段階であれば、そのお客さんは、なんとなく関連しそうな情報を集めているにすぎません。

そうであるならば、「ぜひ、うちで買ってくださいよ！　これすごくいいんですよ！」といったアプローチは、見当違い、的はずれなのです。

たとえば、デパートの洋服売り場で、お客さんが「あぁ、なんか冬用のコートが欲しいな……、何がいいかなぁ」と、関心を持ちつつ情報収集をしているとします。そこへ、「このダッフルコートはいかがですか？　今なら30％オフで、もう残り1点しか……」と店員にガツガツ売り込まれたりすると、逃げ出したくなります。それは見当違いな接客だからです。

そういう場合は、

「コートをお探しですか？　いろんなタイプがありますから、迷われますよね。うちに良いコートもあるにはあるんですが、まずは選び方とかポイントがあるんですよ……」

と店員は、一般的な情報を提供するだけのほうが無難なのです。

しかし、〔比較と判断〕の段階にいるお客さんなら、話は別です。

……………

店　員「あ、先ほどもいらっしゃってくださいましたよね。コート、これが良いかなあって迷っていらっしゃるんですね？」

お客さん「あ、えぇ、まぁ」

店　員「こちらのコートが優れている点というのは～。それに、今回お買い求めいただくと、○○をもれなく特典で差し上げています。そして、何よりお客様にとても似合っていると思いますよ。もう1回、試着してみませんか？」

こうやって徹底的に売り込んでかまわないのです。

つまり、営業マンは、**自分の目の前にいるお客さんを、〈関心と情報収集〉の状態なのか、〈比較と判断〉の状態なのか、見極めながら接客しなければならない**のです。

そうしないと、的はずれな接客をすることになるからです。

「デキる営業マン」と言われる人たちは、このようなお客さんの心理・行動プロセスを、ある程度は肌で感じていると思います。

しかし、実際の現場に出てみるとわかりますが、目の前のお客さんがどちらなのかを見極めるのは簡単ではありません。テンパってしまったり、時間が足りなかったり、警戒されてしまったり、観察だけで見極めるのは難しかったりするのです。

だからこそ、第三の営業スキル「セールストークの肝は〔合意〕」を活用してほしいのです。そうすると、見極めるのがとても簡単になるからです。

営業の成否は〔合意〕で決まる

書店には、「話し方」に関する本がたくさんあります。「わかりやすい話し方」「説得力のある話し方」「好かれる話し方」など、さまざまなテーマの本が並んでいます。

しかし、営業には、話し方よりも、もっと優先されるべきことがあります。

それが、〔合意〕というプロセスです。

〔合意〕をとりつけるというのがどんなことかは、マンガでご理解いただけたことと思いますが、では、〔合意〕をうまくとるには、どうすればよいのでしょう?

私は、次の順番を守ることをお勧めします。これで自然に合意がとれるようになります。

① 社会人としての挨拶と雑談

②話す目的、内容について、相手の〔合意〕をとる
③合意にしたがって本題を話す
④今回の結論をまとめ、次回のアポイントが必要ならばとる
⑤社会人としての別れの挨拶

この②のところで、合意をとりつけるわけです。

本題に入る前に〔合意〕があるかどうかで、会話の安定感も違うし、その後の会話の流れも大きく異なってくるのです。

そのときに、あいまいな合意、しぶしぶの合意ではなく、お客さん自らが納得したうえでの明確な合意を目指してください。

〔合意〕をとるようになると、お客さんが知りたい話と、営業マンが伝えたい話が一致してくるので、会話も一方通行にならないのです。

営業の現場で経験を積み重ねていくと、特にお客さんとの契約段階では、しだいに自分の型やパターンができてくるかもしれません。

しかし、経験が浅いうちは、〔妥協〕という購買行動のゴールまでの手続きも、たとえば次のように〔合意〕を活用しながら進めていくと良いでしょう。

①「それでは事前に、どうしても条件が合わない場合に、妥協していただけそうなポイントについて聞かせていただいてもよろしいでしょうか？」

②「ご予算についておうかがいしてもよろしいでしょうか？」

③「『この人の意見は大事にしておかないといけないな……』と思われる方はいらっしゃいますか？」

④「それでは、提案内容をご確認させていただいてよろしいでしょうか？」

⑤「そうしましたら、ご契約の手続きに入らせていただいてよろしいでしょうか？」

このように、すべての手続きを〔合意〕にからめて進めていくこともできるのです。

〔合意〕をとりつけるベストなタイミング

最後に、「合意のとりつけ方」の典型的なパターンをご紹介します。

これを参考にしながら、ご自分なりのアレンジをされると良いでしょう。

【ステップ①】挨拶（と軽い雑談）

【ステップ②】まず、情報提供の〔合意〕

「もしよろしければ、○○について、ごく一般的な考え方（選び方、使い方、機能）などのご説明をさせていただきたいのですが、お話を聞いていただけますでしょうか？」

ここでお客さんからの回答がＮＯならば、警戒度が高いということです。だから追いかけるのは厳禁です。

その場合には、「突然お声がけしてすみませんでした。どうぞ、何かあればいつでもお声をかけてください」と言って逃がせばいいでしょう。

しかし、お客さんからの回答がＹＥＳであるなら、〔関心と情報収集〕か〔比較と判断〕という両方の可能性があります。その場合は、さらに合意を続けます。

【ステップ③】次に、比較と判断の〔合意〕

「それと、もし弊社でお買い求めいただくと、ライバル他社よりも何が良いのか？ 弊社商品のアピールや、弊社の良さも、少しだけお話しさせてください。それも、聞いていただけますでしょうか？」

ここまで〔合意〕をとりつけようとしてみて、ＹＥＳと言ってくれるようなら、〔比較と判断〕という段階のお客さんである確率もあります。

しかし、**この段階でＮＯと言われたのならば、まだ〔関心と情報収集〕の段階のお客さん**だったということなのです。

ものすごく重要なことなので繰り返しますが、この〔合意〕をとるというプロセスをおろそかにしたり、省いたりしてはいけません。話の本題に入る前に、相手からきちんと〔合意〕をとることの重要性を、しっかりと理解しておいてください。

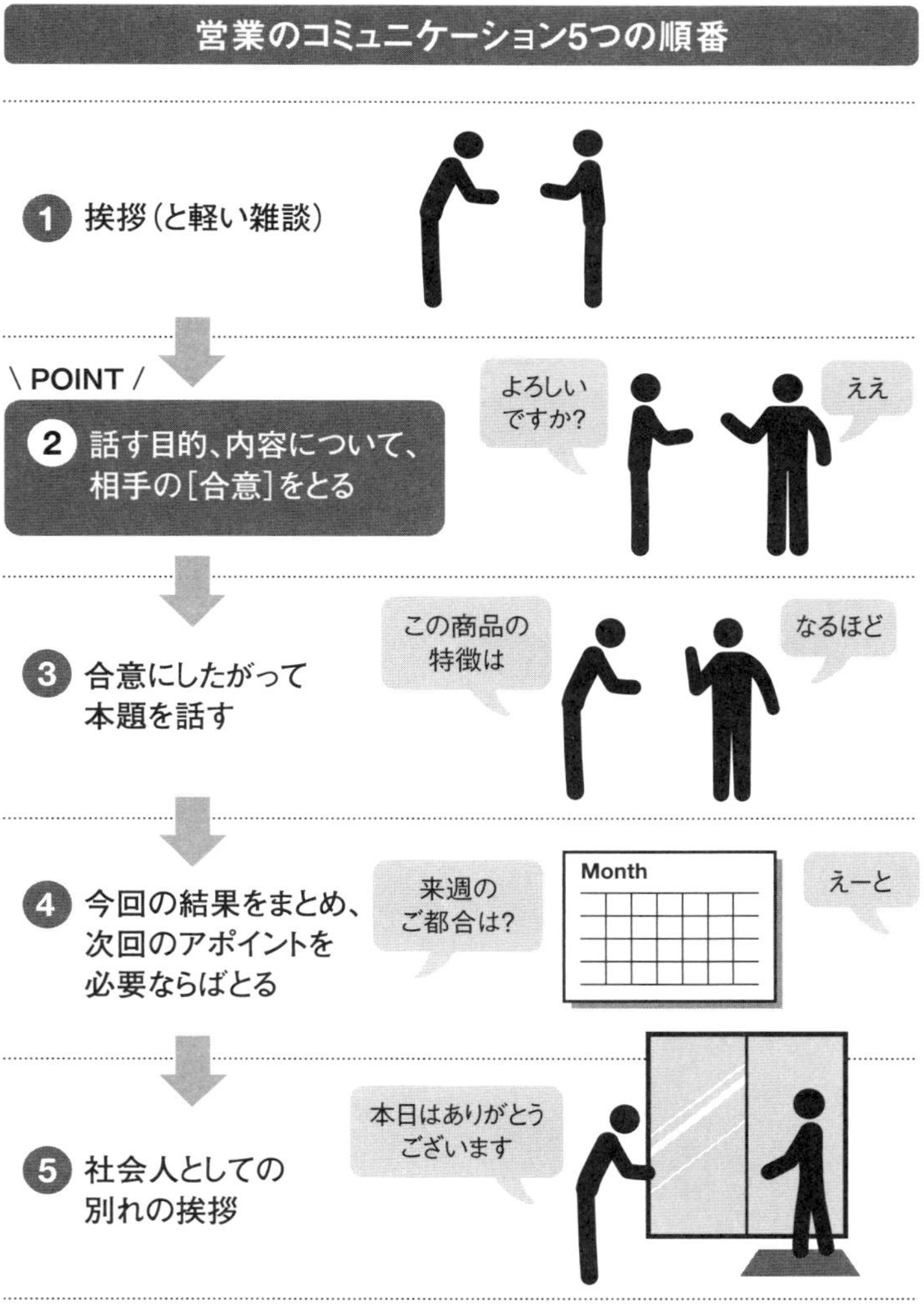
営業のコミュニケーション5つの順番
1 挨拶（と軽い雑談）
\ POINT /
2 話す目的、内容について、相手の［合意］をとる
よろしいですか?
ええ
3 合意にしたがって本題を話す
この商品の特徴は
なるほど
4 今回の結果をまとめ、次回のアポイントを必要ならばとる
来週のご都合は?
Month
えーと
5 社会人としての別れの挨拶
本日はありがとうございます

第3章

売れるセールストークと売れないセールストーク、その違いはどこに？

「好印象の与え方」「消費者の購買心理プロセス」「セールストークの肝は〈合意〉」。

この３つの営業スキルを営業の基本として心得た３人。これまでの営業活動がいかに間違っていたかを痛感し、さっそく、それぞれの営業の現場で使ってみることに――。

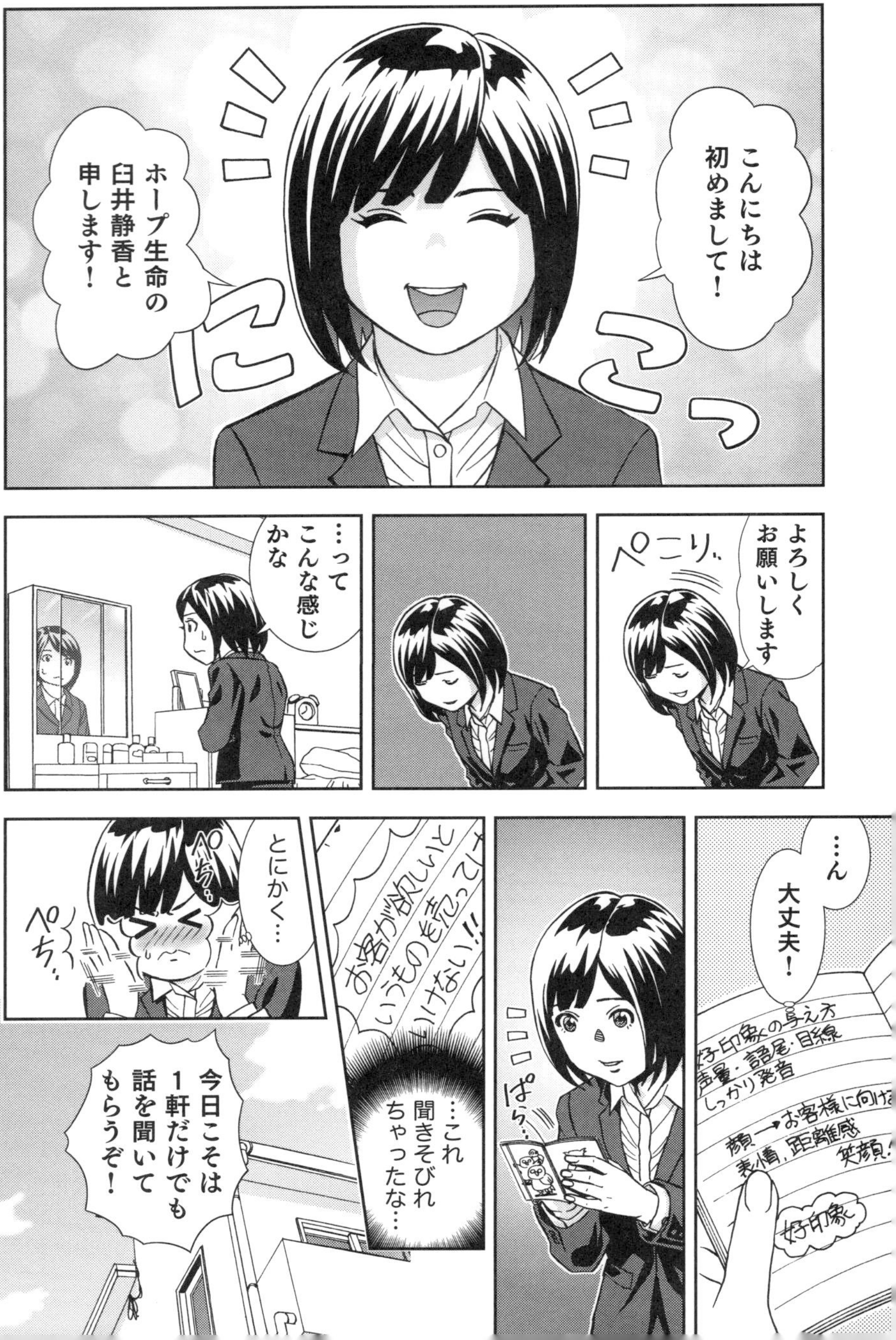
こんにちは初めまして！
ホープ生命の臼井静香と申します！
にこっ
よろしくお願いします
ぺこり
…ってこんな感じかな
…ん
大丈夫！
好印象の与え方
声量・語尾・目線
しっかり発音
顔→お客様に向け
表情，距離感
笑顔!
好印象
ぱら…
お客が欲しいと
いうものを売って
いけない!!
…これ聞きそびれちゃったな…
とにかく…
ぺち…
今日こそは1軒だけでも話を聞いてもらうぞ！

見て見て〜
このクルマ
かわいくない？
中古車販売
国産・輸入車
在庫多数
てんとう虫
みたい♡
え〜？
座席
狭そうじゃん
すすっ…
お客さんの
心理状態を
見極めんと
セールスは
うまくいかん！
このお客さんたちは
「関心と情報収集」
の段階か
それとも
「比較と判断」
のほうか…？
い…いらっ
しゃいませ…
どうぞ
ご自由に
ご覧ください
はぁ
どうも…

もしも何か気になる車がございましたらお声をかけてください
なんでもご説明させていただきます
その際には応援させていただいてよろしいでしょうか？
まず〈合意〉をとろうとすることでお客さんの心理状態を把握することができる！
あ…お願いします
もう少し見せてもらうね
さっきの反応は まだ「関心と情報収集」の段階…
これどう？
え～…かわいくないよ～
いやいや…買うのも運転すんのもオレだし
あるいはそれ以前…
いずれにしろまだ具体的な購入車のイメージまではできていない状態だ
となると深追いはアウトかな…
こうやってお客さんの状態を推測しながらやるのか！
甘辛食品

それではただいまより…
御社の原材料仕入れ時における物流コストの削減につきまして
ちょっと地味になった
私どものプランをご説明させていただきます
靴先が丸くなった
まずは本日の進め方について確認させてください
最初に 私からプレゼンをさせていただき
そのあとに皆様からのご質問を承ります
最後に 本日のプレゼンについてのご感想もお聞かせいただければと思います
そのような順番で進めたいと思いますが
よろしいでしょうか？

うむ
構わんよ
なぁ
部長?
えぇ
よろしいんじゃ
ないでしょうか
ありがとう
ございます
それでは
始めさせて
いただきます
ねっねっ!
聞いて
くださいっ♬
今日 ご訪問先の
お客様が3人も
話を聞いてくださ
ったんです!
おぉ~
しかも
契約
前向きに
考えてくだ
さるって!
すごい
じゃん!

僕も今日のプレゼンすごくうまくいったんだぜ
フフ…
やりましたね！
じぃぃっ…
ラ…
ぼ…僕だって手応えありましたよっ
お客さんの心理状態を見極められたっ
…ような気がする
ムシャ…ムシャ…
ふぐぐ…
さっそく手応えを感じ始めたようじゃの
ほっほっほ…
そうなんです
お客様の目をしっかり見て笑顔でハキハキ話したら
反応がこれまでと全然違っててっ
うんうん…
あ！
営業仙人！
僕もオシャレより身だしなみを意識して
プレゼン前に「合意」をとったらクライアントもすごく熱心に聞いてくれましたよ
ピクッ

そこは「聞いてくださいました」じゃろうがあああっ!!
ひっ!
営業マンたるもの言葉遣いにも細心の注意を払うべきなのじゃ!
は…はいっ……
まぁ手応えを実感できたのはよいことじゃが
おヌシらはようやく営業のスタートラインに立ったにすぎん
はい!
なぜいつも僕だけ…
では次の実践ノウハウを授けてしんぜよう
最強営業マンへの道は まさにここからじゃ
最強営業マンへの…
実践ノウハウ…!
ごくり。
さて――
最強営業マンへの極意とはなんじゃったかの?

え〜っと…
な…なんだっけ?
お客が欲しいというものを売ってはいけない!!
は…はいっ!
〈お客が欲しいというものを売ってはいけないですっ!!〉
ガタッ!
うむ…
そ…そうだった…
うっかり忘れてたな
で…でもこれってどういう意味なんですか?
いくら考えてもわからなくて…
よろしい…
ふむ…
助手さ〜ん

ぱくっ
カモ～ン!!
バサッ!!
クワッ
〈お客が欲しいというものを売ってはいけない〉
その理由は――
タン!
お客さんは
が
欲しいものを知らない!!
わあ～っ
パチ
パチ
パチ

お客さんは自分自身が欲しいものを知らない!!
——からじゃ!!
ええっ!
〝自分自身が欲しいものを知らない〟…!?
ど…どういうことっ!?
予想どおりすぎるリアクションじゃわい
フフフ…
そもそも
「お客さんは物を買いに来ている」
キラッ…
と思うのは間違いなのじゃ
…はあ?
ま…ますます意味不明…

おヌシらにはまだ難しい話じゃろうな
では例をひとつ…
コホン…
すみませ～ん電動ドリルが欲しいんですけどぉ
さっ…
たたっ…
いらっしゃいませ～
電動ドリルですね
ホーホー…
一人二役…
わざわざフクロウ使う必要ないんじゃ…?
こちらに各種取り揃えてございますが
どういったのをお探しですか?
さっ…
これなんか軸ブレもなくて思いどおりの穴があけられます
さっ…
こちらはトルクは弱いですが初心者にも扱いやすいですよ
さっ…
また こちらはドリルビット10本がセットになっておりましてお買い得ですよ
…さて
今の店員の対応 正しいかそれとも間違いかどっちじゃ?

やべ…
変な小芝居が気になって話聞いてなかったよ…
わからんかな?
実は 今のは売れないセールストークの典型なのじゃ
えっ!
ど…どこが…!?
ごく普通の対応だったと思うけど…
うん…
さよう…
現実にはこのような対応をする売り手が99%…
つまりほぼ全員が過ちを犯してしまっておる!!
…!?

ホームセンター
もりふく
では こっちは どうじゃな？
すみませ～ん 電動ドリルが 欲しいんですけどぉ…
くださいな～
いらっしゃいませ
もりふく
電動ドリルですね
何かお困りのことでも…？
もりふく
いえね… 子供の工作で木の板に穴をあける必要がありましてね
トリさんのおうちをつくりたいのです
ピピ…
なるほど…
それはどれぐらいの厚さですか？
穴はいくつぐらいあける必要がありますか？
ふむふむ…
え～っと… 厚さは1㎝ 穴は4か所ぐらいかな…
ひもをとおすあなをあけたいのです
ここ
ということは… ドリルを当面は一度しかお使いにならないわけですね…
でしたら当店で穴をおあけいたしましょうか？
もりふく
え!? お願いできるんですか？
ホオッ!
有料にはなりますがドリルをご購入なさるよりは便利でお得だと思いますよ
もりふく

せっかくだから自分であけたいんですけどいいですか？
ついでに木材も買いまーす
はいどうぞ
コツは…
かして～
――とまぁこんな感じじゃな
さて…違いがわかったかの？
ん～…
質問が具体的…？
No～！
わかったァ！
お客さんの利益優先！赤字覚悟!!
バッ
お客様の本音を聞き出そうとしている…こと？
おずおず…
パァ
てへへ‥
実のところお客さんは物を買いに来ているわけではないのじゃ…
え…!?

お客さんは
「自分の欲求を満たしてくれる手段」
――を手に入れようとしているだけなのじゃよ！
自分の欲求を満たしてくれる…
手段…!!
先ほどのドリルの例でいえば
お客さんはドリルそのものが欲しいわけではなく
穴をあけるという〝結果〟を求めていたのじゃ
やった～!!
カリ カリ

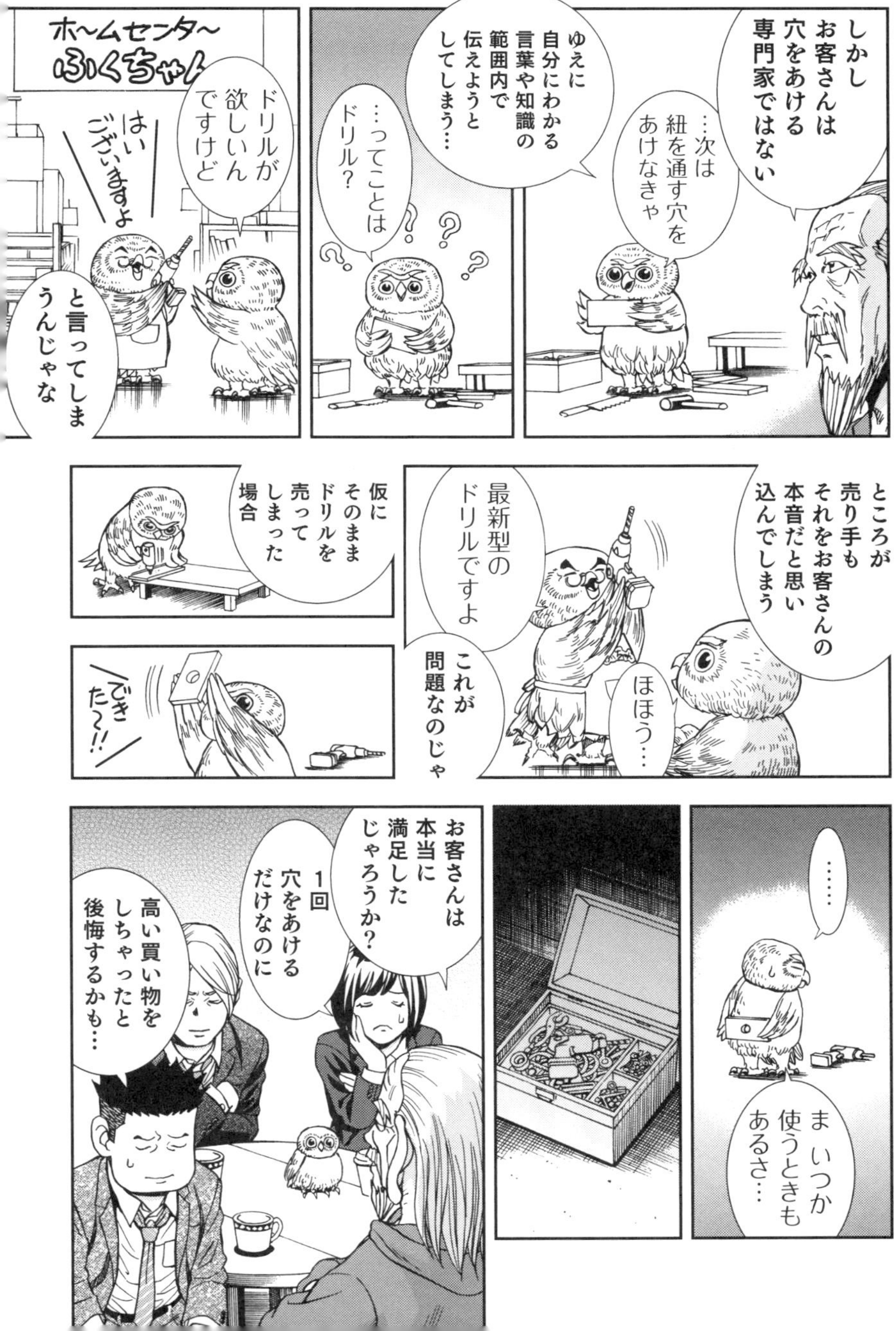
しかし お客さんは 穴をあける 専門家ではない
…次は 紐を通す穴を あけなきゃ
ゆえに 自分にわかる 言葉や知識の 範囲内で 伝えようと してしまう…
…ってことは ドリル？
ホ〜ムセンタ〜 ふくちゃん
ドリルが 欲しいん ですけど
はい ございますよ
と言ってしま うんじゃな
ところが 売り手も それをお客さんの 本音だと思い 込んでしまう
最新型の ドリルですよ
ほほう…
これが 問題なのじゃ
仮に そのまま ドリルを 売って しまった 場合
でき た〜!!
……
ま いつか 使うときも あるさ…
お客さんは 本当に 満足した じゃろうか？
1回 穴をあける だけなのに
高い買い物を しちゃったと 後悔するかも…

満足度の高い買い物だったとは思えませんよねきっと…
なんだか損をした気が…
ん〜…
となるとリピーターになってくれる可能性も低くなってしまうな
この店いい印象ないんだよな…
今度はこっち
ホームセンターふくちゃん
ホームセンターほ〜ほ〜
ですね…
そのとおり！
それこそが「お客が欲しいというものを売ってはいけない」の本意!!
お客さんは商品についての知識が必ずしもあるわけではない
売り手側に間違った要望を伝えてしまいミスマッチな商品を手にすることもある
いらない工具ばかり増えてる…
小物入れ一コつくりたいだけなのに…
ひとたび不満をいだいたお客さんは簡単に離れていってしまうぞ
つまり――
くるっ…

これこそが売り手側が行うべきセールスのステップじゃ!!
①あなたが望んでいるのは本当は何ですか？
⇓
②では、これがあなたにピッタリの商品ですね
セールスマンは商品をただ売ればいいわけではない
サービス提供の大事な初手を担っておるのじゃ！

つ…つまり
お客様が
本当は何を
望んでいるのか
聞きだして
その欲求に
合致した
商品を提供
結果
満足して
いただく!
物を売ること
ばかり考えてちゃ
ダメなんだ
うむ…
決して難しい
ことではない
むしろ
当たり前の
ことじゃろ?
なのに
大半の売り手が
①をすっ飛ばして
②だけで一生懸命
セールスしておる
のが現実じゃ
た…
確かに…
ピッタリかどうか
わからない商品を
ピッタリときめつけ
売りつける…
思い当たる
フシが多すぎる…

私も 何人契約がとれるとか お客様を数としてしか見ていなかったかもしれない
満足していただくことまでは…
いつもお客さんに満足していただけることを考える…
このことはキャリアに関係なくおろそかにされがちじゃからな
しかと肝に銘じておくのじゃぞ！
はいっ!!
①と② このふたつのことを実践するだけで
セールスの結果は大きく変わるぞよ
2つだけ!!
おのおの試してみるがよい！
ホーホー!!
なぜ小芝居に戻る…？

お客さんは物を買いに来ているのではない

再び『お客が欲しいというものを売ってはいけない』

第1章からチラつかせてきたこの言葉の真意を、ようやく仙人が明かしてくれました。

お客さんは、物を買いに来ているのではないのです。

「自分の欲求を満たしてくれる手段」を手に入れようとしているにすぎないのです。

つまり、便益《べんえき》を買いに来ているのです。

ところが売り手が、**お客さんの言葉をそのまま「お客の本音」だと思い込んでしまう**ところに問題があるのです。

売り手は当然のことながら、売ろうとしている商品についてのプロ。

一方、お客さんはその商品について何も知らない素人であることがほとんどです。売り手は商品に対する豊富な知識を持っているのに、お客さんは何も知りません。つまり、売り手とお客は、同じ土俵に立ってはいないのです。

これは言われてみれば当然のことなのですが、意外と見落としがちな点なのです。売り手はまず、このことに気づいてあげて欲しいのです。

しかし現実には、マンガであげた電動ドリルの例と同様のミスが、美容院でも、経営コンサルティング事務所でも、一流ホテルでさえも、実に多く見られます。

〈美容院での会話〉

美容師「こんにちは。今日はどうされますか?」

お　客「カットして欲しいんですけど」

美容師「はい。どんな感じにしましょうか?」

お　客「えっ……普通で……」

これで〝容姿を美しく〟してあげられますか?　そうではないのです。

美容師「こんにちは。今日はどうされますか?」
お　客「カットして欲しいんですけど」
美容師「なるほど。今の髪型で何か気に入らないところでもあるんですか?」
お　客「えっ、別に気に入らないってわけではないんです。ただ――」
美容師「いいですよ。ただ?」
お　客「私って髪が多いんで困ってるんです。本当は、もっと軽くふわっと見せられたらなぁと思ってるんですけど」
美容師「なるほど、いいですね。ふわぁっていうのは?　もう少し具体的に言うと、どんな感じです?」
お　客「こう、風なんかでサラサラ～みたいな」
美容師「わかりました。でしたら、あなたの髪質は☆☆ですから、○○をして、△△で――」

私は美容師ではありませんので、具体的な提案をすることはできません。でも、お客さんは、どちらの会話を望むでしょうか?

〈経営コンサルティング会社の現場にて〉

社　長　「社員のモチベーションを上げたいんですけど……」
コンサルタント「はい。では、○○制度を構築し――」
社　長　「それはどういうものなんですか?」
コンサルタント「ズバリ、社員のモチベーションをアップする方法です」

こうなると、もうギャグです。

社　長　「社員のモチベーションを上げたいんですけど……」
コンサルタント「なるほど。何かお困りのことでもおありなんですか?」
社　長　「え?　ええ、社員のやる気がないんで、もっとやる気を出して欲しいと思ってまして」
コンサルタント「やる気がないというと、もう少し具体的に教えていただけますか?」

社　長「この頃、ライバル会社が出てきまして、値引き要求がえらく厳しくなって利益率が下がっているんです。それでなかなか契約がとれないのも元気がない理由だとは思うんですが」

コンサルタント「なるほど、良い解決策のヒントをご提供できるかもしれませんので、もう少しおうかがいしてもいいですか？」

社　長「ええ、いいですよ」

コンサルタント「値引き要求というのは、たとえばどんなふうに？　それから、利益率が落ちてきたというのは具体的にどれぐらいなのですか？」

社　長「たとえばですか？　たとえば、○○という商品についてなんですが……（中略）」

コンサルタント「なるほど。ありがとうございます。よくわかりました。では、御社の場合には、○○を△△なので、☆☆という方法がいいかもしれませんね」

社　長「ほう、おもしろいですね。もう少し詳しく聞かせてもらえますか？」

社長は、頼りがいのあるコンサルティング会社として、どちらを選ぶでしょうか？

〈一流ホテルにて〉

お　客「すいません。レストランの貸切って……」
ホテル「はい。どうぞこちらにおかけください。当ホテルでは、中華、和食、フレンチなどをご用意しております。お客様のお人数に……」

こんな勘違いな対応が、今この瞬間にも繰り返されていることでしょう。

お　客「すいません。レストランの貸切って……」
ホテル「はい。どうぞこちらにおかけください。レストランの貸切についてですね。お食事をされたいだけなのですか？」
お　客「いえ、食事だけっていうわけではないのですけど……」
ホテル「何かなさるご予定でもおありなんですか？」
お　客「ええ、ちょっとお客さんを呼んで、報告会を兼ねて食事をと思って……」

ホテル「お客様というと、どのような？　報告会というのは、たとえばどんな感じですか？」

お　客「お客さんっていうのは、知り合いの社長さんとかなんです。まぁ、報告会ってのはざっくばらんな感じで、和気あいあいみたいな感じで飲みながらっていうか――」

ホテル「なるほど。であれば15名用の宴会場で立食形式でお食事を出させていただいても、さほどご予算に変わりないと思いますが」

一流ホテルであれば、セールスも一流であって欲しいものです。

お客の本音を引き出すには？

お客の本当の欲求を聞こうともせず、そんなことで売れるわけがないのです。

とても大切なことですから繰り返します。

お客の本当の欲求を聞こうともせず、そんなことで売れるわけがないのです。

お客は「穴をあける機器」についての専門家ではないのです。「マーケティング」についての専門家ではないのです。「美しく見せる方法」については、専門家のほうが研究しているはずなのです。「ホテルでのパーティ」の専門家でもないのです。

放っておくと「ドリルが欲しい」と言ってしまいがちなお客さんに、いかにして「穴をあけたい」という本音を言ってもらうかがカギなのです。

「これくらいの穴をあけたいんですけど」とさえお客さんに言ってもらえれば、それに応じて「どこにですか？」「なんのためですか？」「いつまでに必要ですか？」と詳しく話を聞いてあげられるのです。

その結果、5万円もするドリルではなくて、ひょっとしたらキリのほうが有効だということがわかるかもしれません。

それを説明すれば、お客さんも「あ、そうなんだ。じゃあ、キリをください」となることでしょう。

これこそが、自然なセールスなのです。

最強営業マンのセールストーク

すいません、電動ドリルが欲しいんですけど

はい。いらっしゃいませ。電動ドリルとのことですね。
ちょっとおうかがいしていいですか？
1 **何かお困りのことでもあるんですか？**

困っているわけではないんですが、ベニヤ板に穴をあけて、
子どもの工作を手伝ってやらないと。それで電動ドリルを——

2 **具体的には**
どんなベニヤ板なんです？　何枚？

そうですね。これぐらいの厚さで、大きさはこれぐらいかな。
それを何枚かつくるんですよ。慣れないから大変だ

3
なるほど。であれば、**ドリルは今回しか使われないわけですね。**
1回だけのために買おうとされていたのですね。
では、**当店でそういったベニヤ板を作成しましょうか？**
それで加工済みの板を納品すれば、一番よさそうだと思いますが……
4

えっ？　そんなことできるんですか？　いやぁ、すいません。助かります

凡人のセールストーク

すいません、電動ドリルが欲しいんですけど

はい。いらっしゃいませ。電動ドリルですね。こちらです。え～と、どういったのを
お探しですか？　これなんかは、比較的お値打ち品で、使いやすいので

セールスは極めて単純なコミュニケーション

そうしたコミュニケーションを通じて、本当の欲求を満たしてあげられてこそ、いわゆる顧客満足が生まれてくるのです。

かの松下幸之助氏も、「商売とは、お客さんの『困ったこと』を解消してあげて、お金をいただくもの」だと言っています。

私の言う**「お客さんは便益を買いに来ている」**と同じこと。私は、特別なノウハウを語っているわけではないのです。すごく当たり前のことにすぎないのです。

経営の神様も言っていることなのに、驚くほど多くの人がこれを無視しています。

それどころか、困っているお客さんのところへいきなり近づいて、売り手本位で物を売りつけようとしてしまう人が実に多いのです。「ドリルを欲しがってるぞ。一番高いやつを売りつけてやれ！」なんてことすらあります。これはもう論外ですね。

5分で人間関係を構築する方法

ここまでお話ししたように、**セールスの最初の一歩は「お客の本音・本当の欲求を聞き出す」**ことです。

でも、初対面の営業マンや店員相手に、いきなり本音を語ってもらうというのは、実際にはなかなかハードルが高いものですよね。

そこで重要になってくるのが〝人間関係〟です。信頼できる相手になら、お客さんも本心を話しやすくなるのです。

とはいえ、セールスの現場では多くの場合、人間関係を築くのに長い時間をかけられるわけではありません。

では、どうしたら短時間で人間関係を構築できるのでしょうか？

セールスの英才教育

ここで少し、私自身の話を聞いてください。

私は、父親が経営する不動産業者の次男として生まれました。父親が経営するといっても、事務所は自宅の1室。社長ただ1人の個人事業者です。

母親は化粧品メーカーの販売代理店を、同じく個人事業でやっていました。これまた、自宅を道路側に増築して、5坪ばかりの化粧品販売代理店を、軒続きで営業していたのです。

つまり、私が育った環境というのは、自宅に2つのビジネスが同居していたわけです。小さいながらも両親とも「社長」です。

でも、電話番号は1つだけ。不動産も化粧品販売代理店も、自宅も、全部同じ電話番号だったのです。

昼に自宅の電話が鳴ります。でもそれは、父親への同業者からの電話か、それとも母親が雇っているセールスレディさんからの電話か、はたまたお客さんからの電話か……。

父親も母親も自営業者です。だからこそ、昼間は飛び回っていて留守がちです。私以外には誰もいません。だから、お昼ご飯は自分でつくって食べていました。冷凍ハンバーグをフライパンで焼いて……。

電話にも私が出るのです。電話で難しいことを言われてもさっぱりわかりません。だから用件を聞き漏らさないように鉛筆でいっぱい書いていました。

また、留守番をしていると、母親が雇った化粧品のセールスレディさんが出入りすることもあります。だから私は、全員の顔を覚えなければなりませんでした。だって、知らない人が来たときでも、相手がお客さんであれば、勝手に商品を触らせてはいけないからです。

考えてみれば、当時の私は、たったの6歳でした。

同じように父親にも来客が頻繁にあります。

「お父さんいる?」

「いません」

「どこ行ったの?」

「……知らない」

「じゃ、お父さん帰ってきたら、これ渡しておいてな」

そう言って、名刺を私に渡します。

私は父親の行き先を知っていました。でも言いません。

なぜなら、その人は、父親と同業者だったからです。不動産という仕事は、売買物件の情報が漏れれば、そこに同業者が割り込みをしてくるのが日常茶飯事《にちじょうさはんじ》。トラブル発生の元凶《げんきょう》を私がつくるわけにはいかないのです。


別に、そうやって父親や母親から、ウソを言うトレーニングを受けたわけではありません。

私の親だって、子どもに平気で「そういうときは、ウソついておけ!」なんて、まさか言いません。

でも、やっぱり子どもは、直感的に理解するのです。

私が正直に父親の行き先を話してしまったとき、

「うわぁ、オレが〇〇に行ってたことしゃべったってか？　まずいなぁ」

と話している姿を見たからです。

私の行為が、親を困らせることになってしまった。

それは良いとか悪いとかではなく、避けなければならない記憶として学習されてしまうのでしょう。だから父親を困らせることを避けるようになるのです。

そんな状況が24時間、３６５日。

家でテレビを観ていても、電話が鳴れば、その瞬間に音量を下げるクセも自然に身についていきました。

日常が商売であり、商売が日常でした。

しかも、セールスの英才教育を毎日、自宅で受けていたようなものだったのです。

というのは、私の父親は不動産業界でも交渉の達人だったからです。

業界でもその名を知る人も多かったようです。次から次へと交渉をまとめて、だからこそバブルのときも、バブルに踊る必要さえなかったようです。

ある夜、父親がカバンから見たこともないほどの現金の札束を机の上に、どさどさと出し始めたこともありました。

「わっはっは。今年はこれで仕事は終わりだ！　なっ！　昌弘、ちゃんとこれが100枚ずつあるかどうか数えとけ！」

と言ったのは、年が明けて2月のことだったと記憶しています。

最初は楽しく数えていましたが、全部数え切る前に飽《あ》きてしまいました。

同時に、母親もセールスの達人でした。全国の化粧品販売代理店の中でも、何度もメーカー表彰されていたほどですから。

それでも、いつしか外を飛び回るのに疲れた母親は、化粧品販売をやめて店をたたみました。そして、ボタンなどがとれている「難アリ衣料」を仕入れて、自宅の玄関先で売るようになったのです。

『百貨店の新品格安婦人服。50パーセントOFF。エリの裏側に傷などあるため』

それだけのチラシを配っていました。たったそれだけで、サラリーマンの年収以上に稼ぎ出す母親でした。母親ながら偉いものだと感心します。

そんな2人のセールス現場を、自宅で普通にながめていたのです。だからこそ、相手を瞬時に見極めて、どう対応すればいいのかは、自然と訓練されたのでしょう。

確かに、父親は格好良かったし、大好きでした。母親もすごい人だと思っていましたし、大好きでした。

――でも、私は何よりも、そうした家が嫌いでした――。

友達の家に遊びに行くと、お母さんがジュースを出してくれるからです。本を読んでくれるからです。日曜日になれば、お父さんとキャッチボールをしている友達がいたからです。

見ていると、胸がしめつけられるような苦痛にも似た嫌な感じがして、それがなんなのかさえも私にはわかりませんでした。

まだ小さな子どもです。ただ寂しかったのでしょうね。

たくさんお父さんと遊びたかっただけなのでしょうね。

一緒にご飯を食べたかっただけなのでしょうね。

やっと今になって、理解できるようになりました。子どもを育てるために、それこそ必死だったのでしょう。

そんな両親を私は尊敬しています。

私が手がけたクライアントさんの一例

結局私も、父親と同じように自分で商売をするようになりました。

現在のコンサルティング事業でも、自分自身で自らのセールスノウハウを実践して業績を残しています。

私のクライアントさんたちも、コツをつかみ、おもしろいようにセールスの達人になっています。

ある美容室は、パーマやカットでの来店客に、化粧品などを追加で売りたいと言います。客単価のアップを狙ってのことでしょう。美容師さんたちは、「何か無理矢理売りつけているようで、嫌な顔をされるのが恐くてうまくセールスができない」と困っていました。でも、セールススキルを身につけたことで、ストレスなく、売上は1・5倍に上がったのです。

高知県のある住宅リフォーム会社の社長は、お客さんにとって本当に必要な工事を提案したいがために、必死で要望を聞きます。聞くことができないお客さんには、見積書さえ出しません。でも、社長1人で年間約2億円もの売上を上げています。

また、北海道にある漢方薬局の店主は、私のセールストークを実践することで、お客さんの要望や悩みがハッキリとわかるようになりました。その結果、お客さんにピッタリの薬を提案することができるようになりました。自然と成約率や平均客単価が急増し、年間広告費が3分の1になったと喜んでくれています。

岐阜県の工務店さんは、良心的な価格でしっかりとした注文住宅を建てています。少ない人数で経営しているため、年間で22棟しか建築しません。それでも、私のコンサルティングを受ける以前は、1年間みっちり仕事をしないと、22棟の契約を確保するのが難しかったそうです。しかし、今は前よりもずっと契約がとれるようになって、あまった時間でイタリア旅行へご夫婦で出かけています。

私のクライアントでもある経営コンサルタントは、年収が2倍になったそうです。そのときには、「まるで別世界にいるような気分です」とうれしいお手紙をくれました。

確かに、コンサルタントになってからというもの、そうした「喜びの声」をもらうことが増えました。もちろんうれしく思います。ですが、喜んでばかりもいられません。なぜなら、私はプロフェッショナルだからです。喜ばれて当たり前なのです。

あるクライアントさんからの泣きながらの電話

でも、さすがの私も、あの出来事だけにはまいりました。本当にまいりました。

それは〝泣きながらの電話〟です。

私のクライアントさんは、一部上場企業の社長さんから、個人事業者、士業、通販会社、サービス業等々、それはそれはバリエーション豊富です。

儲かっている方もいれば、そうでない方もいます。


でも、苦しんでいる社長さんの心境というのは、想像を絶するほど辛い想いなのです。業績が苦しくて、孤独で、不安で、でも誰にも弱音を吐けなくて、1人で夜中まで必死で頭に汗をかいて……。逃げ出したくなる気持ちを必死で抑えて戦っているのです。家族のために、雇用した社員のために、何よりも自分の存在価値を証明するために。

そんな私のクライアントさんから、成功の報告があったのです。電話でね。


それが、電話の向こうで泣いているんです。

成功するために誰よりも努力したのは、泣いているご本人です。成果の99パーセントはクライアントさんの努力によるものです。コンサルタントなんて1パーセント程度も役立ってはいません。すべてを実践したのはご本人なのです。

それなのに、「ありがとうございます。本当にありがとうございます」と、いつまでも、何度も何度も、泣きながら、私なんかにお礼を言ってくれるのです。

まいりました。こんなことは、生まれて初めてです。

私自身、お金儲けというのも目的の1つであることは否定しません。でも、それと同じくらいに、「喜んでもらえる」というのが、なんだか人の役に立っているような気がして、うれしくて仕方がないのです。

だからこそ、私はこのセールスノウハウで、1人でも多く自信をとり戻して欲しいのです。

さあ、次の順番は、あなたです。あなたからの成功の報告は不要です。あなた自身、とても忙しいでしょうし、私自身、本当に数多くの方々からお手紙をいただいているからです。

いいですか？　今日からあなたこそが、最強セールスパーソンになるのです。

さてと……。

今のあなたは、著者である私に対して、どのように感じているでしょうか？

「ふ〜ん。この本の著者は、そういう人なのか——」

「へぇ、そういうつもりで仕事をしているのか——」

そんな感じかもしれません。

どうでしょうか？

あなたが、コンサルティング会社に話を聞きに行くとしましょう。
目の前に2人のコンサルタントが現れました。
その2人は私と、もう1人、会ったこともないコンサルタントです。
さて、あなたはその2人のうち、どちらに相談をしやすいでしょうか？

そうです。その答えが証明してくれています。私とあなたとの間には、すでに人間関係ができあがっているのです。

なぜか？　ちゃんと種明かしをしましょう。

あなたがお客さんとの間に『人間関係』を構築したければ、ちょっとしたコツがあるのです。前に、人間関係の方程式という公式のことをお話ししました。

【人間関係】＝【人柄】×【接触頻度】

そうです。この公式です。

6～9歳の話をしてあげる

5分で人間関係を構築するためには、あなたの〝人柄〟をしっかりと伝える必要があります。そのために最適な方法――それは、**あなたの6～9歳の幼少時代のお話をしてあげること**なのです。

もちろん、ただ単に幼少の頃の話をすればいいというものではありません。

これを詳しく説明し始めると、1冊では足りなくなってしまいますので、概略だけしっかりと押さえて説明します。

幼少時代のお話をするときには、あなたとご両親との想い出話をするのです。

それはマイナスでもプラスの話題でもかまいません。とても楽しかったことでも、とても辛かったことでも、心の葛藤でも、腹が立ったことでも、愛情を感じたことでも一向にかまわないのです。

あなたの6～9歳頃の、ご両親との印象深い出来事と、それに対してのあなたの感情。

それをお客さんにお話ししてあげて欲しいのです。
さらに、話の途中から、その想い出に加えて、そうした過去の経験が、今のあなたのセールスの姿勢や使命感にどのようにつながっているのか、ということをお話ししてあげて欲しいのです。

私は、それをやっただけなのです。

もちろん、作り話はやめてくださいね。そんな作り話はすぐにバレます。お客さんは第六感を持っているのですから。恥ずかしがらずに、あなたの本心をしっかりと伝えることが大切なのです。
そうすると、あなたが感じたのと同じように、お客さんはあなたに対して「真の理解」を示すようになります。それこそが人間関係なのです。
それがあれば、お客さんは安心して、あなたに本当の欲求を語ってくれるようになるはずです。

いかがですか？　何かトリックを見たような感じがしているかもしれません。

でも、あなた自身が体験をされないと、なかなかピンと来ないのではないかと思ったのです。

ただ、もちろんすべての業界の方が、この『5分で人間関係を構築する方法』をしなければならないというわけではありません。

『5分で人間関係を構築する方法』については、一般的に「営業マンの人柄」が大切だと言われる業界では有効でしょう。たとえば、建築・リフォーム業界とか、金融・保険業界とか、不動産業界、場合によっては法人営業でも役立つことでしょう。

そうした意味では、これは応用編ですから、できるにこしたことはありませんが、やらなくても大きな影響はありません。

話のキッカケは、

「私がどのようなつもりでこの仕事をさせていただいているのかをお話しすることは、お客様にとっても、良い判断材料になると思いますが、お話しさせていただいてよろしいですか?」

とても聞いてみてからでいいでしょう。

最初の雑談のときに話してもいいし、次章でお話しする『魔法のセールストーク』の4つのステップの間にはさんでもいいのです。やりたくなければやらなくてもかまいません。

さて、ではいよいよ、本書のメインテーマである『魔法のセールストーク』をステップ・バイ・ステップでお話ししていきましょう。

第4章

『魔法のセールストーク』への4つのステップ

「お客が欲しいというものを売ってはいけない」。その答えは、「お客は物が欲しいわけではなく、自分の欲求を満たしてくれる手段を手に入れようとしているだけ」ということだった。

そして、いよいよ「最強営業マン」になるための具体的なステップが示される。ぜひ「魔法のセールストーク」を体得してほしい！

中古車販売
国産・輸入車
在庫多数
よし！今日こそはきっかけをつかむぞ！
いらっしゃいませ！
現在お乗りのお車で 何かお困りのことでもおありなんですか？
ん～…
困っているっていうか 最近腰が痛くてねぇ…
もっとゆったり座れる車がいいのかなと…
大型セダンとか…
なるほど…
ん～…
腰痛の方にはスポーツタイプのほうがいいかもしれませんね
スポーツ…？
シートがしっかりと体を支えてくれますしオープンタイプでしたら乗り降りも楽ですよ
ほお…
よろしかったら一度 お座りになってみませんか？
いかがですか？
…確かに

スポーツタイプか…
考えてもいなかったな…
ちょっと家内と相談してみるよ
はい ぜひ…
そうだ！キミの名刺もらえないかな
はいっ！
――ってことがあったんですよ～
次の週末にまた来てくださるって
これ かなり見込みありだと思いません？
むふっ♡
フフッ…
実は――
私も医療保険ご契約見込み大なんです♡
ケガも病気もしっかりサポート
ホープ医療保険
わ～い。。
おおっ！
僕もこないだのプレゼンの反応が上々でね
本契約まであとちょっとなんだ！
原材料仕入れ時の物流コスト軽減についてのご提案
やる～っ！

それを仙人に報告したくって…
なんていうか僕ら…
急成長してるって感じ…
はい!
それでついつい早めに
ここまで来たら残すはひとつ
むん…
本契約!!
みなさん素敵なお顔をなさってますね!
フフフ…
ここに通い始めてくださったころとは大違い
あ…
その調子で頑張ってくださいね♪
ありがとうございます
…っていうかすみません
ご迷惑おかけして…

私たちが閉店後にお邪魔してるから…
この間も仙人と…
いいんですよ あれはポーズですから…
…ポーズ？
オーナーフクロウが大好きでこのお店始めたんですけど
なぜか あまりなつかれなくて
ケージに入れるのもひと苦労
あぁ…
なのに急にセミナーをやるとか言い出したから…
ちょっと心配になっちゃってつい強めに釘刺しちゃいました
本当に後片付けできるんですか⁉
で…できますとも…
でも…オーナー放っておけなかったんでしょうね
自分自身が同じ思いをした人だから…
え…⁉
？？？？？

あ…　あの…
仙人…　いや　オーナーって何者なんですか？
…もともとはあまりパッとしない営業マンだったようですよ
きっとあなた方以上に成績 悪かったんじゃないかしら…
そうだったのか…
いくら頑張っても売上が伸びずに悩んでいたところ
藁にもすがる思いで参加したセミナーで

思いがけず「魔法」があることを知って

魔法のセールストーク

えっ!?
魔法…!?
そこから業界屈指の売上を誇る
レジェンド営業マンになれたんですって
だからみなさんの話が耳に入った時
力になりたいと思ったんでしょうね
そうだったのか…
ありがとう仙人…
僕らも頑張らなきゃ

や！
もう来とったのか
カランカラン
ワッ
ギャあああ～
トストストス
ファサッ
とって～
これとって～
なんで4羽もなんですか～
来るなり食べられた～
あそこまで嫌われるのも才能かもな
ですね
え～……
では……
今夜はいよいよ最強の営業メソッドを伝授するぞよ
感動して損した
いやいや実績はあるわけだし
…うん
最強の営業メソッド
それは……

〝魔法のセールストーク〟!!
ま…
魔法…!?
あ…あのっ…
僕らでもそんな「魔法」なんて…
使えるんですか?
使える!!

〝魔法のセールストーク〟は4つのステップからなっておる!!
この4つしかと体得すれば——
ザ・凡人でもっ!
ぼ…凡人…!?
気弱な引っ込み思案でもっ!
は…はいいっ……!
いけ好かないイケメンで髪を染めチャラチャラしておる
人生イージーモードでぬくぬくと生きてきた青びょうたんでもっ!
なっ…!?
僕だけ偏見がすごいっ!

誰でも…
最強営業マンになれるんじゃっ!!
そ…その4ステップとはっ…!?
すっ…
パチン
これこそが…

〝魔法のセールストーク〟
ステップ1 ファースト・マジック・クエスチョン
ステップ3 要望の確認プロセス
4つのステップじゃっ!!
ステップ2 マインド・キー・クエスチョン
ステップ4 提案&最強のクロージングトーク
その4つのステップを身につければ
ステップ1 ファースト・マジック・クエスチョン
ステップ2 マインド・キー・クエスチョン
ステップ3 要望の確認プロセス
ステップ4 提案&最強のクロージングトーク
商談成立はすぐそこじゃっ!
もしかしてこの練習が嫌だったのね…

まずはステップ1【ファースト・マジック・クエスチョン】
ステップ1 ファースト・マジック・クエスチョン
これは「今日は○○なわけですが今の××に何か悩みでもおありですか?」と尋ねることじゃ
え…? それって…
さよう
すでに教えた「お客さんの本音を引き出す方法」じゃな
じゃがこのステップ1ではさらにもう一歩踏み込むのじゃ
たとえば――
フクロダ電気 パソコンコーナー
すみませーん パソコンってどれがいいんですか～?
いらっしゃいませ!
今お使いのパソコンに何か不都合でも出てきたのですか?
いえ 不都合ってわけでもないんですが
今の 5年も使ってるんで 友達からはアウル社のとかが機能が充実してていいって聞いたんですが…
なるほど…
今のが古くなったという理由がきっかけで機能が充実しているものを探しているということですね

機能が充実しているというとどのようなご用途かおうかがいしてもよろしいですか?
え…!? う〜ん…
普通なんですが…
え〜っと あ…そうそう!
動画をカッコよく編集して動画サイトにアップしたいな〜って…
このように相手が必ず「イエス」と答える質問＝「ちゃんと理由があるんですよね」を問いかける
「イエス」と言ったのに説明できる理由がないとなんとなく変な感じ…自己矛盾感が出てしまうもんなのじゃ
そうやってお客さん自ら「本心」に気付き説明せねばならない状況をつくり出す
お客様自らに語っていただくことがミソですね
なるほど…
自分で言ったことなら責任も感じるだろうし
では動画編集ソフト付きで作業時に困らないスペックの機種がよろしいわけですね
それ以外のご要望はございますか?
特には…ゲームとかはやらないので…
あー あと ノートのほうがいいかなぁ
ステップ1ではあくまでもお客さんの「本心」を引き出すのが目的
詰問調になって尋問みたくならないようにな

「本心」を引き出せたら次のステップ2【マインド・キー・クエスチョン】
ステップ2 マインド・キー・クエスチョン
お客さんの要求をさらに掘り下げる！
こちらなんてどうでしょう？
んん～…
これだといらない機能がありますね…
それにちょっと高価かな…
最新型
¥182,000
最新型
¥182,000
不要な機能…たとえばどんなものですか？
え～っと…年賀状とかかな…
今までのでも使ったことないですもん
なるほど…
ご予算は具体的にはいくらぐらいでしょうか？
そうだな…
んん～…
13…上限15万ってとこかなぁ…
「たとえば」？
「具体的には」？
この「たとえば」と「具体的には」でお客さんのあいまいな要望をより明確にするのじゃ
ほおっ…

さらに――
申し訳ありません ご要望に近い 機種がただいま 在庫切れでして
お取り寄せに 3日ほど かかるかも しれませんが 納品が3日後だと 遅すぎますか？
今週中に動画 アップするよって 友達に言っちゃった んだよなぁ…
こまったな～ なんとか なんない？
なるほど ではなるべく 早いほうがいい わけですね
おねがい しまーす
――と 「○○だと×× すぎますか？」 といった質問で 要望の根拠まで 明らかにして しまうのじゃ
本当だ 丸わかり
たった これだけで お客さんの 本音が…
まさに 「誰にでも できる魔法」 じゃろう？
さらに すり合わせを 試みても よいな
YMZ社の ものでしたら 同スペック 11万円で ご用意できます
YMZ 夜猫子工房
え⁉ 11万…
そうですね… メーカーに こだわりは ないんで…
お客さんの要望を 聞き出したところで
次はステップ3 【確認】じゃ
ステップ3 要望の確認 プロセス
ステップ4
これは 簡単明瞭
読んで字のごとく 聞き出した要望を お客さんと一緒に 確認するわけじゃな
アウル社製がよいが こだわらない 動画編集ソフト付き
年賀状ソフト等不要な ソフトが付いていないもの 予算は15万円以内
こく… こく…

――このご要望でよろしいですね？
…はい OKです
じいっ…
本当によろしいですか？
え？ えっと…
はい大丈夫です！
「最後のひと押し」によって最終確認をとる
もしまたほかの要望が出始めたらステップ2に戻ればいい
それから…メモリーは8G以上HDDじゃなくてSSDで…
まだあった…
なるほど…
ふむふむ…
要望の優先事項を聞いておくことも忘れずに
何を優先するかによって提案できる内容が変わってくる
機能・予算お渡し日のどれが最も重要でしょうか？
ん～…
ん～…やっぱり予算かな…
次が機能で…
そして最後のステップ4【提案&最強のクロージングトーク】が重要になるのじゃ！
ステップ4 提案&最強のクロージングトーク
ステップ4まで身につければ商談成立はすぐ目の前じゃぞ！
キラッ…
――!!

コスト減
それではお客様のご要望と
ご予算をすべてふまえたうえでの
提案をさせていただきます！

ステップ4で おヌシらが すべきことは 最も重要ではあるが 単純じゃ
相手の要望も 優先順位も わかっておるのじゃから それに沿った 提案をすればよい
ただ その提案が すんなり通る とは限らん
相手も 少しでも安く 購入・契約したい 妥協を減らしたい と思うのが 人の常じゃからな
…ここまできて お客さんを 逃がしたくない
でも こっちも もう――
譲歩できる 部分はない
さよう… ここまできたら すべきことは ただひとつ――
いかが でしょうか?
その言葉を 発した後は…

「無言」じゃっ!
この無言こそは世界最強のクロージングトーク!!
こちらが無言になると
お客さんは勝手にあれこれと考えてしまい

これでお願いしようかな
やっぱりあなたの所の保険にするわ
キミの提案を入れることに決定しよう
妥協へと進んでしまうものなのじゃ
あ…ありがとうございます!!

もちろんすべてが
思いどおりに
運ぶわけではない
途中で振り出しに
戻ったり
キャンセル
されてしまう
こともあるじゃろ
じゃが お客さんの
要望を丁寧に
聞き取り
本音を引き出し
一生懸命
考えた末の
提案は
これまでとは
格段に違う
成果をもたらす
はずじゃ
ま…
おヌシらの
最強営業マンへの
道は始まった
ばかりじゃて
まだまだ
学ぶことも
ある
魔法の
セールストークを
常に忘れず
おのおの
精進するのじゃぞ！
はい！
うむ…
きゃめ〜…

驚くほど簡単な〝魔法〟

誰もが最強セールスパーソンになれる！

『魔法のセールストーク』――。

これは私がネーミングしたわけではありません。クライアントさんが、つけてくれた名前です。

そして、マンガでもおわかりのとおり、「魔法」と名づけてあるのに、とても簡単なのです。４つのステップどおりにやってもらえばいいだけなのですから。

それだけ簡単だからこそ、私がアドバイスした人はみな、最強セールスパーソンになっていくのかもしれません。

でも、簡単とはいえ、その裏にはちゃんと心理的なロジックがあります。
さらには、応用編とも言うべき、もう一歩突っ込んだ実践方法もあります。
マンガではご説明しきれなかったそれらの部分を、ここで順を追ってお話ししていきましょう。

なぜ、お客は本当の欲求を最初に語らないのか？

結論から言います。

「何を言えばいいかわからない」から。それが理由です。

一般的に、人というのはどんな人でも、**問題を解決する自分なりのパターンというのを持っている**のです。

たとえば、「車いす状態になった妻が退院してくる（問題）」→「自分の内部で情報を検索」→「キーワードが検索結果としてヒット（手すり、トイレの改装、屋内の段差を解消するバリアフリー工事）」→「業者へ電話」→「手すりとか、トイレとかなんですけど……」

つまり、ある悩みや欲求が生じると、人はそれを課題・問題と捉え、解決しようとします。過去の記憶や経験から、この問題を解決できそうな情報やヒントを検索するわけです。

もし見つかれば、その情報やヒントを意味する「言葉」がキーフレーズとなって口から出てきますし、見つからなければ、情報を外部へと求めるようになるのです。

ただ、この車いす状態の奥様にとってのベストな「悩みの解決策」というのは、洋式トイレに対応した介護用便座に買い換えるだけでいいのかもしれません。

それなのに、相手が話している表面上の言葉にとらわれるばかりに、

「トイレなんですけど……」

「はい。トイレの改装工事はですねぇ……」

とやってしまうわけです。

もちろん、お客自身も自分の内部情報がすべてだとは思っていません。

だからこそプロに相談するのです。

1つの問題を解決するには、いろいろなアプローチ方法があります。それは、あなたがプロフェッショナルだからこそ知っていることなのです。

にもかかわらず、お客の少ない知識だけを真に受けるのは、プロフェッショナル失格なのではないでしょうか？

本音を語らせてしまう心理アプローチとは？

「お客は、知識不足から適切な言葉を見つけられないだけ」ということはわかりましたが、では、本音を語ってもらうには、どのような心理アプローチをすればいいのでしょうか？

ズバリ、**『一貫性の法則』という心理法則を利用する**のです。

一貫性の法則というのは、言い換えれば、「私の言動には一貫性がある」というのを信じている思考パターンとも言えます。それを利用するのです。

まず最初に、「今日は、〇〇なわけですが……」というファースト・マジック・クエスチョンの部分の本当の狙いは、お客さんに頭の中で、もしくは声に出して、「はい、そのとおりです」と言わせることです。

しかも、すべての客にイエスと言わせなければなりません。

だからこそ、「今回あなたがした行為は、これですよね」いう内容を相手に伝えるわけです。これなら、全員がイエスと言いますから。

そして、「イエス」と言わせた後で、すぐさま「その根拠でもあるんですか？」と疑いの質問をされれば、誰でも「もちろんありますよ。それはね……」と考えてしまうのです。

つまり、**その瞬間にお客さんは一貫性の法則にカチッとスイッチが入る**わけです。

だからこそ、イエスと言った理由が説明できないと、変な感じがしてしまうのです。

変な感じというのは、「答えられないという自己矛盾」です。

自己矛盾が起こらないように、お客さんは説明しようとします。

そして、説明をしようと一生懸命になるがゆえ、本心が出てきてしまうのです。

【応用編①】キーマンに登場してもらうには？

魔法のセールストークのステップ２「マインド・キー・クエスチョン」では、お客の欲求をすべて聞き出します。もちろん、相手のキーマンからの意見を聞き出さなければなりません。

特に法人営業であれば、目の前の担当者がキーマンなのか、それともキーマンは部長なのか、社長なのかを見極めなければなりません。キーマンの要望も聞き出さなければ、せっかく出す提案もムダになるかもしれないからです。

そこで問題になるのが、「どうやってキーマンを特定し、どうやってご登場いただくか」ということですが、これも実は簡単なことなのです。

相手に聞くのです。もちろん、聞き方が大切ですよ。

「今回、お話をいろいろとおうかがいしていますと、だんだんとクリアになってきました。お客様が、この人の意見も尊重したほうがいいと思われる方は、他に一切いませんか？」

営業の世界では、最終的にお金を払うのは誰なのか、という意味で、キーマンという表現を用いることがあります。

ハッキリさせておきます。お金を払う人が、必ずしもキーマンであるとは限りません。法人で言えば、決裁権限を持っている人が、必ずしもキーマンであるとは言えないのです。

たとえば、「お金は、おばあちゃんが払う。でも、すべては私が取引をする。なぜなら、おばあちゃんの口座に現金が入っているだけで、おばあちゃん名義で支払うだけ」というのが本音である場合には、おばあちゃんの意見は不要です。

同時に、そのお客が、「近隣のお友達で、美容院を経営している人の意見」をとても重要視しているのであれば、キーマンは2人になる可能性だってあるのです。

法人営業であっても、製造業などでコンピュータなどを導入する際には、決裁権限を持っている取締役がいるとしても、コンピュータ技術担当者が太鼓判を押せばOKということもあります。

キーマンを知るには、適切な質問によって、お客の口から言わせるのです。

「あなたのご要望は、よく理解できました。だからこそお聞きしますが、あなたが重要視したほうがいいと思われる方は、他に一切いらっしゃいませんか?」

キーマンが一発で特定できるトーク

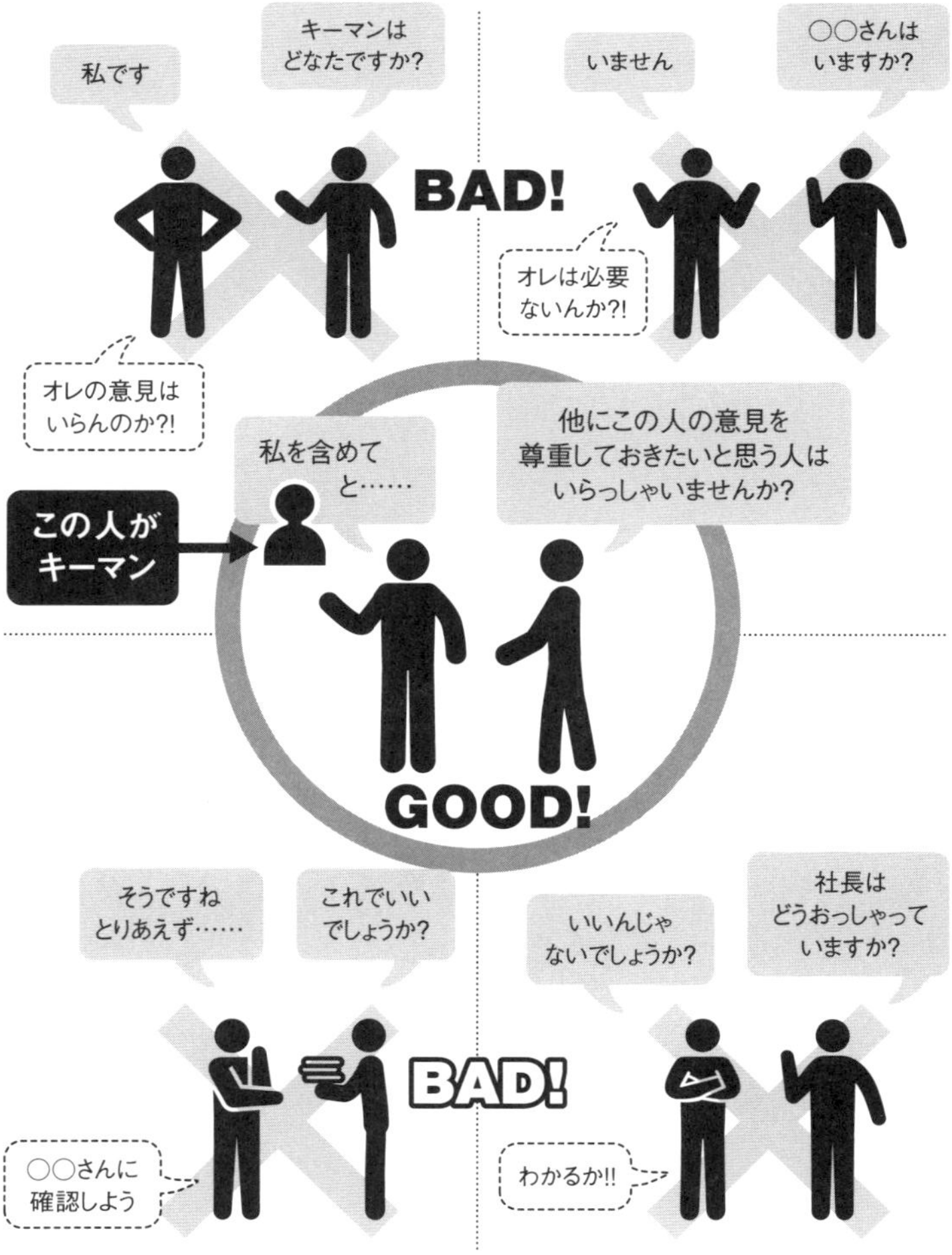

これでキーマンをすべて特定するわけです。

キーマンの話を切り出すタイミングは、いつでもかまいません。

ただし、注意して欲しいことがあります。もし、あなたが「キーマンは誰ですか?」と聞いてしまったら、一巻の終わり。

なぜなら、その質問は、裏を返せば「キーマンはあなたではないですよね?」という意味合いを含んでいるからです。それを言われたお客は、自尊心が傷つきます。

そうなれば、自分の意見を尊重してもらえないと感じることでしょう。そう感じれば、本音の欲求など語ってくれるはずもありませんし、キーマンを教えてくれることもなくなるでしょう。

聞き方が問題なのです。なので繰り返します。

「本当に満足していただける良い提案をしようと思います。だからこそ、あなたは誰の意見を尊重したほうがいいと思われますか?」

【応用編②】「1・3」と「1・7」でお客の予算を予測する質問法

さて、続いての応用編は、予算の聞き方です。なぜなら、お客の予算を知っておかないと、ムダな努力をすることになる可能性が高いからです。

率直に予算を教えていただける場合はいいのですが、お客さんが意図的に予算を低く伝えている可能性がある場合や、なかなか予算を教えてくれない場合などにとても有効な方法をお教えしましょう。

予算の話題を切り出すタイミングは、ステップ2の最後がいいでしょう。

切り出し方は、「さて、ご予算についてなのですが……」と話すだけで十分です。

すべての場合でうまくいくとは保証できませんが、私や私のクライアントさんの経験を踏まえて言うと、相当な確率で相手の予算を知ることができるでしょう。

そうすれば、どのような提案をすればいいのかの検討も、とてもしやすくなるとは思いませんか？

では、予算の聞き方とはどうすればいいのでしょうか？

ズバリ、次のように言ってみて欲しいのです。

「もう、これ以上かかるんだったら、検討するまでもない。検討外だと思ってしまうような価格というと、たとえばどれぐらいの価格ですか？」

そうです。**マックス上限ではなく、さらにその上を聞こうとする**のです。

要するに、タガを外させるのです。

こうやって、タガを外した質問に対して、返ってきた金額。

それを「1・3」で割るのです。それがアッパーリミット（限界予算）だと予想することができます。

また、「1・7」で割った数字は、予算としては割安感を感じてもらえる価格帯だとも言えます。

たとえば、「そうだね、300万円を超えるようなら、ヒエー！　ってなるな。もう考えられないね」と答えてきたのなら、1・3で割れば230万7692円ですね。であれば、予算のアッパーリミットは230万円程度だと予想がつくわけです。

逆に、1・7で割れば、176万4705円となるわけですから、176万円を提示すると、即決になる可能性は極めて高くなるでしょう。

違う聞き方もありますよ。むしろ、こちらのほうが簡単なのかもしれません。

ズバリ、「ご予算はいくらですか？」と聞いてしまうのです。

そして返ってきた金額に１・３を掛ける。すると予算帯が出てくることが多いのです。

たとえば、「そうだね、まぁ１００万円ぐらいかなぁ（足元を見られないように、安めに言っておこう……）」という答えが返ってくれば、１３０万円は通ることでしょう。

おそらく１・７を掛けた１７０万円を超えると検討さえしてもらえない可能性が高いのです。１７０万円は予算のアッパーリミットギリギリの可能性が高いということです。


この１・３とか１・７という数字は、私の経験上出てきた数字であって、裏側に何かの理論があるのかどうかはわかりません。おもしろいですね。

【応用編③】お客の要望とあなたの提案をピッタリ合わせるには？

魔法のセールストークのステップ１から３で、お客さんの要望をすべて聞き出し、キーマンも予算も、要望の優先順位も確認できました。

最後は、契約に向けた提案を行うステップ4です。

ただ、この段階で相手の要望を満たすことができずに、契約できないということもあるかもしれません。

お客さんの要望をすべて満たすと、予算が足りなくなる。

お客さんの予算に合わせると、お客さんの要望をすべて満たすことができなくなる。

その状況はさまざまだと思います。

そこで、ほとんどのセールスパーソンが失敗を犯します。それは、それでも無理をして買ってもらおうとしてしまうのです。

確かに、こうした状況になれば、セールスパーソンは誰でも悩みます。無理をしてでも売りたくなる気持ちもわかります。

しかし、同じようにお客さんも悩んでいることに気づいていただきたいのです。

こうした状況で、お客さんの要望とあなたの提案をピッタリと合わせるためには、どのような方法があるでしょうか?

●**方法1**　あなたが全面的にお客さんの要望に合わせる。
●**方法2**　お客さんが全面的にあなたの提案に合わせる。
●**方法3**　あなたも若干移動して、お客さんも若干移動して双方で合わせる。

たったこれだけしかないのです。

しかし、方法1をとることはやめてください。なぜなら、方法1をとった瞬間に、お客さんにとってあなたは、「無理を言っても飲み込む業者」ということになってしまうからです。


そもそも、合わせることができるのであれば、最初から合わせておくべきなのです。

また、方法3についてもやめてください。

「えっ？」と思われたかもしれません。ですが、冷静になって考えてみて欲しいのです。

あなたはこれまで、お客さんの要望をしっかりとヒアリングしてきたはずです。そして、それに沿った形で一生懸命に考えたうえで、提案内容を作成しているはずなのです。

もうすでに、あなたはお客さんの要望に対して十分に歩み寄っているということです。

あなたとお客さんの円をピッタリと合わせるためには、どのような方法があるでしょうか？

方法1　あなたが全面的にお客さんの円に合わせる

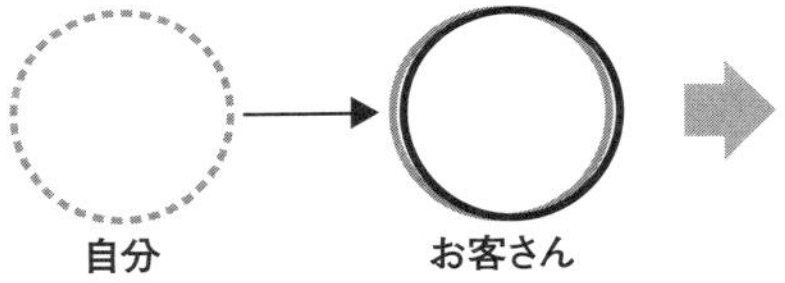

お客さんにとってあなたは、「無理を言っても飲み込む業者」になっています。今までの理性的な態度を急に変えれば、せっかくの良好な関係も水の泡です。
そもそも、合わせることができるのであれば、最初から合わせておくべきなのです。

方法2　お客さんが全面的にあなたの円に合わせる

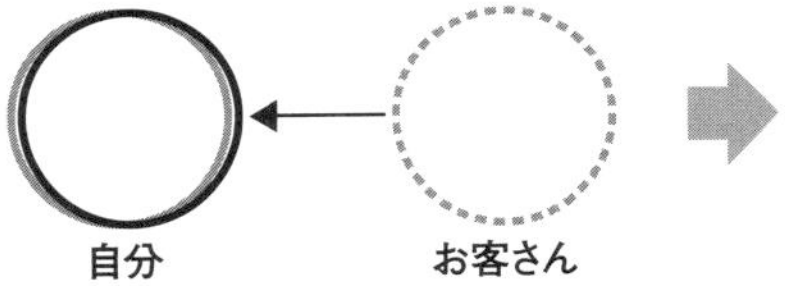

交渉成立

方法3　あなたも若干移動して、お客さんも若干移動して双方で合わせる

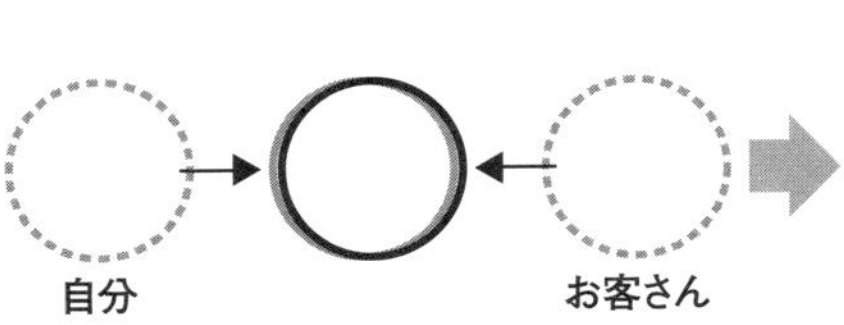

あなたはお客さんの要望をしっかりとヒアリングして、それに沿った形で一生懸命に考えたうえで、提案内容を作成しているはずです。もうすでにあなたはお客さんの要望に対して、歩み寄れるだけ歩み寄っているのです。無理してこれ以上の歩み寄りは不要です。

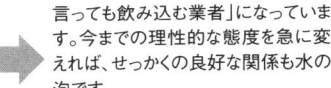

だからもう、これ以上の歩み寄りは不要だとお考えください。

残されているのは方法2です。

あなたがすべきなのは、**あなたにとってできる限りの提案をするところまで**なのです。

あとは、お客さんが決めるべきことなのです。

でもご安心ください。お客さんは相当高い確率で、あなたの提案を呑むことになるでしょう。なぜなら、この状況に置かれたお客さんの心理状態は、まさに「選択と決断」を迫られている厳しい状況なのです。しかも、選択肢は、それほど多くはないのです。

具体的に、お客さんはどのような選択肢を持っているでしょうか？

●**選択肢①**　あなた以外で、自分の要望を満たしてくれそうな手段を探す

〈例1〉ライバル会社へとリサーチを開始する。

〈実例〉家を建てたい。A社では自分の要望を満たせないのでB社を探す。

〈例2〉手段そのものを変化させようとする。

〈実例〉家を建てたい。A社では自分の要望を満たせないので賃貸を探す。

● **選択肢②** 買うのをやめる
● **選択肢③** 妥協してあなたから買う
● **選択肢④** 買うことができる状況になるまで延期する

どうでしょうか？　せいぜいこうした選択肢しか持つことができないのです。

一般的には、選択肢②の「買うのをやめる」という人はほとんどいません。ほとんどは延期しているだけです。

延期しているお客さんについては、延期させておけばいいのです。ただ、放っておくと、あなたの知らない間にライバル会社にとられてしまう可能性が高くなります。だから、延期しているお客さんには、ニュースレターを定期的に送るのです。

そうすると、問題は選択肢①のお客さんですね。

ただ、安心して欲しいのです。ここまでの４つのステップを実践してくると、今までよりもライバル会社にとられる確率は格段に減少しているはずだからです。

そうは言っても、あなたは「ライバル会社にとられるかも……」と感じているかもしれません。

確かに、ここまで時間をかけて要望を聞いたにもかかわらずライバル会社に負けるというのは、悔しいものです。だからこそ、とられたくないという気持ちもわかります。

しかし、ハッキリ言います。ライバル会社にとられる可能性をゼロにすることはできません。むしろ、それを追いかけ回して時間を浪費するよりも、他にすべきことがあるのです。こうした状況において、遠回りをするか、他を探し始めるか、いずれにしても相手は「今は買わない」というお客さんになってしまっているのです。

であれば、あなたがすべきことは、**「他の今すぐ買ってくれるかもしれないお客」へと、時間というリソースを配分する**ことなのです。

そして、「買わないかもしれない」、または「今は買わない」というお客さんについては、今は逃がしておくのです。

そして、「そろそろ買いたい」と思い始めるまで、あなたのことを忘れてしまわないように、ニュースレターを送るなどのフォローだけしておけばいいのです。

やる、やらないは、あなた次第

この本で私が主張していることを一言で言ってしまえば、それは、『お客さんを思いやる心をセールストークに使う』ということになるでしょう。

お客さんが本当に何を望んでいるのかをしっかりと把握するためには、お客さんを何よりも尊重しようとしていないとできないからです。

もちろん、この本の言うとおりにやらなければいけないわけではありません。

確かに、私のセールステクニックを使うことで、ダントツのセールスパフォーマンスをあげている人々は本当に数多くいます。だからこそ、私は自信を持ってこのノウハウを本にすることに決めました。

だからといって、私のセールステクニックが、世の中で最強のものであるなどと言うつもりは、さらさらないのです。

ですから、「役に立たない」とすべてを否定するのも、「まずはやってみよう」と私のセールステクニックをやってみるのも、すべてあなた次第です。もちろん、部分的によいところだけをとり入れてみるのもいいと思います。

著者である私にできるのは、ここまでなのです。

あなたの目の前には、2つの道が見えているはずです。
1つは、今までのやり方へと戻る道。
もう1つは、少しだけやり方を変えてみるという新しい道です。

新しい道の先には、何が待っていると思いますか？

『最強セールスパーソン』という、あなたの栄冠です。この本をここまで読んだ今、あなたは気づかずに、そのすぐ前まで来ているのです。

でも、まだ「そんな大げさな……」「私にもできるのかなぁ……」と疑っていますか？

お答えしましょう。あなたは必ずできます。

「どうしてそう言い切れるのか」って？

だってね、思い返してみて欲しいのです。

今まであなたは、仕事はもちろん、学校でも、プライベートでも、小さな頃にも、いろいろなことを経験され、そして乗り越えて来ているはずです。何度も、何度も、何度

も、何度も、困難を乗り越えてこられたのです。もしかすると、逃げたくなるのを懸命に我慢して……。

でも、あなたは全部、乗り越えて今日まで生きていらっしゃるのです。

あなたの過去が、それを証明してくれていますよね。

「これからも、絶対に乗り越えられる」ということを。

それを、いつでも思い出してあげて欲しいのです。

いいですね。

最強セールスパーソンの世界へようこそ。

あなたをお待ちしていましたよ。

◆おわりに ～必勝シナリオを実践しよう！

「ほら見ろ、言わんこっちゃないよ……。やっぱり死んだ……」

映画館でホラー映画を観ていると、必ず私は心の中でそう呟くことになります。

青年たちが湖畔でキャンプをしていると、ゾンビに囲まれてしまいます。

「もう無理だ！　この扉を開ければ逃げられるはずだ！」

「ダメだ！　危険すぎる！　もう少しだけ我慢しよう」

「嫌だ！　もう耐えられない！　俺だけでも逃げてやる！」

そうやって扉を開けて逃げようとする青年……。でも、やっぱり死にます。

どうして、似たような展開ばかりなのでしょうか？　それには理由があります。

そうすると映画が面白くなるからです。面白いシナリオには、実はいくつかのパターンがあって、すべては、いかにそのパターンを面白くするかにかかっているのです。

これは、営業にも似たことが言えます。

目の前のお客さんに応じて、売れていくシナリオというのがあるのです。

営業力というのは、相手である顧客との関係をどのように展開していくのか？　を考えて実践していく力です。

出会いから、人間関係づくり、合意、要望のヒアリング、プレゼン、契約という、シナリオをいかにスムーズに展開していくことができるかという技術です。

そのためには、実践経験の数も重要です。読むだけではなく、実践してください。


最後になりましたが、読者の皆様にお礼を言わせてください。本当にありがとうございます。コミック版の原著となる『凡人が最強営業マンに変わる魔法のセールストーク』は、発売から10年以上経っても増刷が繰り返される、ベストセラーとなりました。

先輩営業マンから、後輩営業マンへと、「この本面白いよ、読んでみると良いよ」と紹介してくださる方が多かったからこそ、売れ続けているのだと思います。

今回その本をマンガ化し、ポイントを絞り込むことで、より読みやすくなりました。

この本を通じて、新たな読者の方と、素晴らしいご縁のきっかけができることを心から楽しみにしています。

２０１９年８月

佐藤昌弘

■漫画

橘 山 聡（きつやま　さとし）

漫画家・イラストレーター。青年誌にてデビュー後、同ジャンル内でオリジナル作品を発表しつつ、グルメ、ホラー、広告マンガ、ビジネス本や伝記のコミカライズなど幅広く作品を手掛ける。リアルで精緻な描写から、デフォルメの強いコミカルな描写まで得意分野は多岐に渡る。趣味はホラー映画鑑賞とオートレース観戦。

■シナリオ

桜小路むつみ（さくらこうじ　むつみ）

マンガ原作者兼フリーライター。一般のマンガ作品からビジネス書のコミカライズまで幅広く手掛け、シナリオのみならず記事の執筆や構成なども担当する。漫画シナリオ代表作に『サムライガール21』『まんがの花道』(共に画／金井たつお氏)、『水の剣　火の刀』(画／あおきてつお氏)などがある。

佐藤昌弘（さとう　まさひろ）
経営コンサルタント・研修講演講師・エンジェル投資家・作家。1968年生まれ。愛知県出身。京都大学工学部卒。株式会社マーケティング・トルネード代表取締役。大手都市ガス会社に勤務後、住宅リフォーム会社を創業。３年で年商３億円まで成長後にバイアウト。2002年、株式会社マーケティング・トルネードを設立。月商数万円の個人事業主から年商１兆円超の一部上場企業まで、累計3000件以上のコンサルティングを行なう。心理学を応用した独自の営業トーク研修やセールスコピーライティングのスキル・アドバイスにも定評があるほか、マネジメント・人材育成・ブランディング形成など、広範囲にわたって国内外の企業活動支援を行なっている。また、講演・執筆による活動も精力的に行なう。著書にベストセラーとなった『凡人が最強営業マンに変わる魔法のセールストーク』『最高の営業デビュー』（日本実業出版社）他多数、監訳に『シュガーマンのマーケティング30の法則』（フォレスト出版）がある。

〈マンガ〉
凡人《ぼんじん》が最強営業《さいきょうえいぎょう》マンに変《か》わる魔法《まほう》のセールストーク

2019年９月20日　初版発行

著　者　佐藤昌弘 ©M.Sato 2019
発行者　杉本淳一

発行所　株式会社日本実業出版社　東京都新宿区市谷本村町３−29 〒162-0845
大阪市北区西天満６−８−１ 〒530-0047
編集部 ☎03-3268-5651
営業部 ☎03-3268-5161　振　替　00170−1−25349
https://www.njg.co.jp/

印刷／壮光舎　製本／若林製本

この本の内容についてのお問合せは、書面かFAX（03−3268−0832）にてお願い致します。
落丁・乱丁本は、送料小社負担にて、お取り替え致します。

ISBN 978-4-534-05721-1 Printed in JAPAN

日本実業出版社の本

この1冊ですべてわかる
営業の基本

横山信弘　定価本体1600円（税別）

営業コンサルタントとして抜群の人気を誇る著者が、長年、営業研修に携わった経験から、これだけは知っておきたい基本と原則をまとめました。成果を上げ続けるための「考え方とスキル」が身につきます。

トップセールスが
絶対言わない営業の言葉

渡瀬　謙　定価本体1400円（税別）

「営業の言葉」を変えるだけで売上は上がる！ NGフレーズとOKフレーズを対比し、どのように言い換えればよいのかを解説。営業の場面ごとに、すぐに使える「こう言えば売れる言葉」を解説！

売れる営業の「質問型」トーク
売れない営業の「説明型」トーク

青木　毅　定価本体1400円（税別）

説明したり説得しなくても面白いように売れる「質問型営業」のノウハウを、通常の営業手法である「説明型」と対比しながら丁寧に紹介。どのように話せばよいのか、なぜ売れるのか、等々がすっきりと腑に落ちます。

※定価変更の場合はご了承ください。